結婚式
親の役割と
あいさつ

The Parent's Roles
and
Greeting
for
Wedding

高橋書店

結婚式の準備

子どものサポートとアドバイスを

子どもが結婚するとき
親は何をすればいいのでしょうか。
結婚式までの準備期間と当日に
それぞれ重要な役割があります。

● 親族への連絡や披露宴の席次決めなどは親の責任で

基本的に子どもの考えを尊重しますが、親族に関することなど、子どもにはわからない、見落としがちなことについては、親が責任をもって行いましょう。

● 心遣いあふれる結婚式となるように

結婚式にかかる費用の援助のほか、高齢者、小さな子ども連れや遠方からのゲストへの心配りなど、人生経験を活かしたアドバイスも必要です。

結婚式当日

祝ってくれるゲストをもてなし感謝を伝える

主催者として
忙しい新郎新婦に代わり
ゲストをもてなしましょう。
披露宴で行う
両家代表のあいさつは
親ならではの
重要な役割です。

● 開宴前に列席してくれるゲストを迎える

着付けなどの準備に入る新郎新婦に代わって、ゲストを控え室へ案内するとともに、お茶の手配やご祝儀の管理などを。

● 両家の代表として謝辞または開宴のあいさつをする

ゲストへの感謝と、新郎新婦への今後の支援をお願いする言葉を中心に、自分らしく語ります。

● 新郎新婦のお色直し中ゲストをおもてなし

主賓や仕事関係者、恩師などお世話になった方たちのテーブルには必ず足を運び、感謝の気持ちを伝えましょう。

● お開き後の送賓と後片付け

とくに二次会がある場合、ゲストをお見送りしたあとも、会場の精算などを任されることがあります。すべきことを把握しておきましょう。

子どもの人生最良の日に最高の親でいるために

結婚式で親が行う両家代表のあいさつは
一生をともにするパートナーと
めぐり合った子どもへの
贈り物でもあります。
本書では、あいさつの考え方や覚え方などを
具体例を用いてわかりやすく説明するとともに
結婚式の準備期間から
当日および後日必要なことまで
順を追って紹介しています。

STEP 1 … 第1章 ▶ 13〜30ページ

適切なアドバイスと準備

結婚式・披露宴の主催者としての心得をおさえ
主役である子どもを立てつつも
必要な助言を与えます。

STEP 2 … 第2章 ▶ 31〜48ページ

晴れの日のおもてなしとふるまい

結婚式・披露宴当日の親の役割を
確実に担うために
必要なことを覚えておきましょう。

STEP 3 … 第3章 ▶ 49〜64ページ

両家の代表として自分らしいあいさつを

基本的な注意点をおさえて原稿を作成し
ゲストへの感謝や親の思いを
自分らしい言葉と態度で伝えます。

CONTENTS

第3章 失敗しない あいさつ原稿のつくり方

第4章 そのまま使える 親のあいさつ文例集

CONTENTS

第5章 アレンジ自在！ 親のあいさつフレーズ集

Staff
編集協力●トプコ（井手晃子、柳元順子）
執筆協力●佐久間真由美、美和和美、石井信子、井手和明
デザイン●コミュニケーションアーツ
イラスト●安ヶ平正哉

本書の使い方

第1～3章

結婚式当日までの準備や心得ておくべきこと、両家代表のあいさつについてなど、子どもの結婚式を控える親に必要なことがわかります。

第4章

あいさつの具体的な例文を、くわしい解説とともに紹介しています（下図参照）。

第5章

あいさつに用いるフレーズの具体例を、さらにくわしく紹介しています。あいさつ原稿の作成や、言い換えのヒントとしてご活用ください。

あいさつの基本構成8項目（54ページ参照）
あいさつ原稿を作成したり、言い換えを考えたりする際に便利です。

あいさつ例本文の主旨
どんなあいさつにしたいか、考える際の参考にもなります。

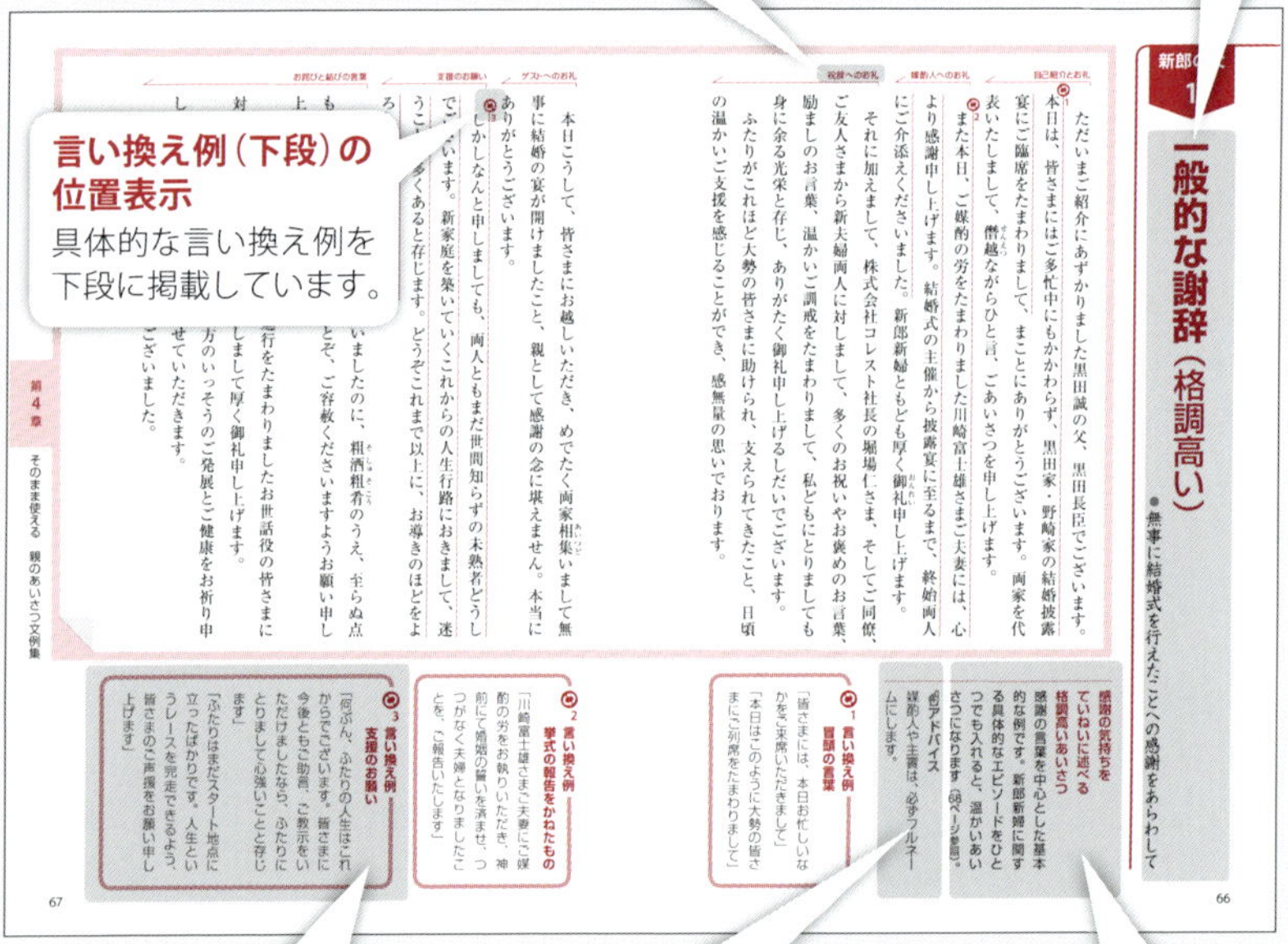

言い換え例（下段）の位置表示
具体的な言い換え例を下段に掲載しています。

言い換え例
あいさつ例本文中の傍線に対応しています。自分にしっくりくるものを選ぶといいでしょう。

アドバイス
基本としておさえておくべきことや常識など、役立つ知識をまとめました。

あいさつ例本文の概要
それぞれのあいさつのポイントです。理解することで、気持ちをこめやすくなるでしょう。

第1章

親が知っておきたい 結婚式・披露宴 準備

準備

親世代とは異なる結婚観を理解する

家どうしのつながりより本人たちの価値観を重視する傾向

親世代にとって結婚といえば、本人どうしの相性だけでなく、家と家との結びつきを重視したものでした。しかし核家族化が進み、価値観やライフスタイルが多様化した現代では、家どうしのつながりよりも自分たちの結婚観を大切にするカップルが増えています。結婚を控えた子どもをもつ親にも、若いふたりの個性や考え方を尊重し、自分たちで結婚式をつくり上げていくことを応援する傾向が強まってきました。

挙式や披露宴も格式張ったものよりアットホームな雰囲気が好まれ、洋風の一軒家やレストランなどで行うスタイルが増えているのも、そうした流れを象徴しているといえるでしょう。

親世代とは異なる新しい結婚の形

親世代は若いうちに結婚することが当たり前で、結婚後に妊娠するのが常識でした。ところが、最近では一緒に暮らしていてもなかなか結婚をしなかったり、子どもができてから結婚したりするケースも多くなっています。また、一緒に暮らしてから婚姻届を出し、そのあと結婚式を挙げるという、親世代から見れば、順序がまるで違う結婚も増えています。

親からすると、こうした子どもの結婚観にとまどうことも多いことでしょう。しかし、頭ごなしに自分たちの意見を押しつけても、反発されるだけです。子どもの価値観を尊重しつつ、人生の先輩として温かく見守る気持ちを大切にしましょう。

さまざまな結婚の形&結婚式

結婚の形

結婚前に同棲

背景には経済的な問題がありますが、同棲《どうせい》は互いのライフスタイルを確認するいい期間ともいえます。

入籍後に結婚式

夫婦として新居を探したい場合など、一緒に暮らすにあたって、結婚式の前に入籍を済ませるケースも多く見られます。

おめでた婚

付き合いの長いカップルなどが、妊娠を契機に結婚することも多く、「幸せが倍に」ともいわれます。

事実婚

婚姻届を出さずに、結婚している夫婦と変わらない生活を送ることです。互いの自立をよしとして、あえて選択することがあります。

国際結婚

国際化にともない、結婚総数の3%を超えています（2016年調査）。婚姻の成立条件は国によって違うので確認しましょう。

結婚式

レストランで

本格的な料理を、アットホームな雰囲気で楽しめます。費用を比較的抑えられる点も魅力で、ウエディング専用のレストランもあります。

ハウスウエディング

一軒家を借りて行う結婚式です。コーディネーターと相談しながら、ふたりのオリジナルウエディングをつくれるよさがあります。

遊園地や船上など

ふたりの思い出の場所や好きなキャラクターのいる遊園地を会場としたり、共通の趣味を披露したりする、ユニークな式も増えています。

海外で

日常生活から離れた地で行うため印象的な式となりやすく、新婚旅行、親や親族との記念旅行としても楽しめる点が人気です。

披露宴だけにして結婚式は行わない

「挙式にかける費用を新生活のために使いたい」などの理由から、結婚式は行わず、結婚の報告をかねた披露宴を開くケースもあります。

親の心得

**意見を押しつけず
子どもの価値観を大切に**

準備

親のかかわり方を考える

親の意見をはっきり伝え子ども主導で準備を進める

結婚が決まると、親心として結納や結婚式について口を出したくなりますが、世間体や体面にこだわりすぎると、せっかくの慶事を前に、親子関係にひびが入りかねません。家のしきたりや価値観の相違を、親の希望として伝えるのはよいとしても、当事者であるふたりの意思を尊重し、おだやかに話し合いたいものです。

また、招待したい親族や知人の人数、式の日取り、親が援助できる金額などは、あとでもめないよう事前に伝えておきます。ただし、親の満足や体面ではなく、あくまでふたりの将来にとってプラスになるように考えましょう。多すぎる援助も、決して子どものためにはなりません。

相手の家とどう付き合うか

家という概念が希薄になっている現代でも、結婚に関しては両家の合意のもとに進行したほうがいいものが多くあります。両家の住まいが遠隔地にあったり、一方が旧家や老舗《しにせ》だったりする場合は、さまざまな場面で互いの価値観の違いを感じることも少なくありません。

とくに、結納や結婚式などには配慮が必要です。たとえば、東日本と西日本では結納の品やその数が違う、北海道の結婚式は会費制が一般的などと、その地方独特の常識、習慣があります。

事前に、結婚相手から実家のしきたりやその地方の風習などを聞いたりしたうえで、両家で話し合うようにし、互いに歩み寄りましょう。

親の言動NG例

「結納はしない」と言うのを無理にさせようとしてけんかになった

結納品のパンフレットを取り寄せ「お金は出す」と言ったら、そこまでするなと怒られた。

ゲストの人選でもめた

家族ぐるみで付き合いのある友人の息子の結婚式に以前招待されたので、こちらも友人を招待したいと言ったのだが、子どもは自分の友達を優先したいと主張し、かなりもめた。

相手の家との格の違いで恥ずかしい思いをした

息子は普通の会社員で、相手の両親は医師。新婦にかかる費用はすべて親が出すため、新婦ばかりが豪華となり、肩身が狭かった。

援助を惜しんだらあまりに寂しい結婚式で後悔した

自分たちの身の丈でしなさいと、お祝い程度しか援助しなかったら、ふたりともスーツ。新婦にはドレスを着せてやりたかった、と思った。

年齢差が大きいのを心配して思わず言ってしまったひと言にムッとされた

息子は32歳、職場の先輩である結婚相手は42歳。「20年後、息子は働き盛りだけど、あなたはすでに定年かもしれないわね」と言ってしまった。息子からもかなり顰蹙《ひんしゅく》を買った。

新居の準備の手伝いに両家の母親がぶつかって気まずくなった

新居を掃除していたら、相手も母親と一緒に来て、気まずい雰囲気に。出すぎたと反省。

親の心得

黒子となって、支える気持ちで

idea

結婚を機に親から子へ渡したいもの

結婚が決まり、自立していくふたりに、親として何か記念になる品を贈りたいものです。実際に喜ばれた例を紹介します。参考にしてください。

- 家系図をわかる限り書き出し、渡した。
- 「これからはふたりで大切な時を刻んでいきなさい」と伝えて、やや高価な柱時計を贈った。ふたりとも感激していた。
- 自分たちの結婚式の写真から始め、息子の生まれた日、入園、入学など節目の写真、祖父母や親類、知人など息子が世話になった人と一緒の写真を、一冊のアルバムにまとめ、最後のページにふたりの結婚式の写真を貼れるようにして贈った。
- 双方の両親が手紙を書き、披露宴でそれぞれ読んでから渡した。ゲストからは、親の個性が出ておもしろく親心に感動した、と言われた。

準備

費用はどれくらい援助するもの？

両家で分担するのが主流

結婚にかかる費用は、親としても気になるところです。挙式や披露宴以外の出費もありますので、左ページの表でおおよその額を把握しておきましょう。

挙式や披露宴の費用分担は、「新郎側6」に対し、「新婦側4」というのが従来の相場でしたが、現在はゲストの人数に合わせて分担するのが主流となっています。つまり、料理や引き出物などの費用を自分側のゲストの人数分もち、衣装代もそれぞれが支払うというもの。

なかには両家で折半することもありますが、あとで不公平感が出てこないとも限らないので、互いに納得できる形の取り決めをしておきましょう。一方の地元で結婚式をする場合は、地元側が多めに援助したり、相手側の交通費と宿泊代を負担したりすることもあります。

親がどれくらい援助するかは、子どもの年齢などにもよりますが、結婚費用総額のおよそ3割を目安にするといいでしょう。

無理はせず援助できる範囲で

相手の親が豪華な披露宴を望んでいるからと、つい見栄を張って相手に合わせると、大きな負担になってしまうこともあります。

資金面の援助では金額を、準備段階で子どもにはっきり伝えましょう。子どもを通して相手の親に「派手にしたくないから」と伝えてもらえば、先方も納得するはず。無理はせず、できる範囲内で援助しましょう。

結婚にかかる、おもな費用の目安

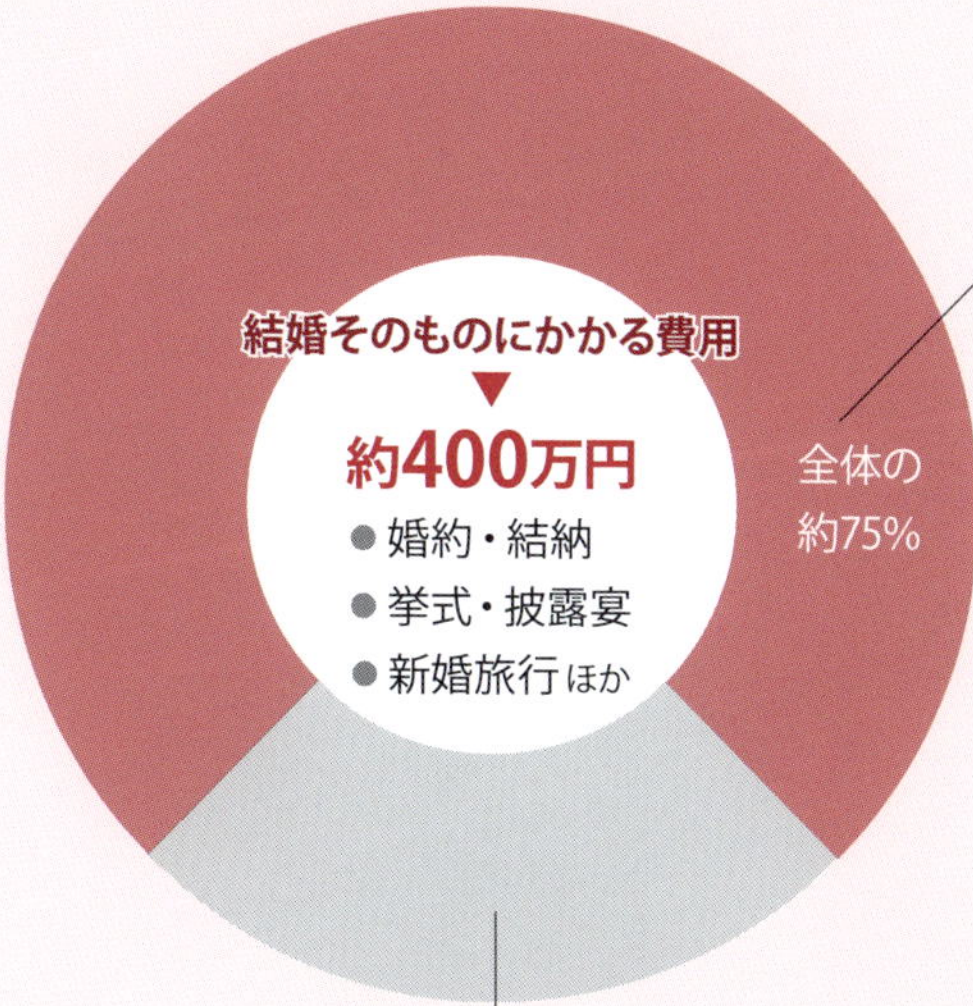

約300万円
- 挙式
- 披露宴・披露パーティー
  - ・ゲスト1人あたりの料理とドリンク費用 ▶ 約2万円

- 新婚旅行 ▶ 約50万円
- 婚約指輪 ▶ 約35万円
- 結婚指輪（2人分） ▶ 約20万円

- 収入
  - ・ご祝儀 ▶ 1人あたり約3万円

「3万円 × ゲストの人数」の収入が見込める

＋

新生活の準備にかかる費用 ▶ 約140万円
- 家財道具
- 引越し
- 新居の賃貸契約　など

↓

婚約から新生活スタートまでにかかる費用 ▶ 約540万円
（両家それぞれ約270万円が必要。親の援助は、その約3割）

（高橋書店編集部調べ）

親の心得

親の援助は3割程度（100万円前後）と考える

挙式・披露宴の場所とスタイル

両家の意見が食い違うときは

両家が離れていて、ともに地元で結婚式を挙げたいと主張して譲らない場合があります。そんなときは、互いに歩み寄り、解決策を見つけましょう。下の案を参考にしてください。

また、結婚の儀式には、キリスト教式、神前式、仏前式、人前式など、さまざまなスタイルがあります。披露宴の会場も、結婚式場内の披露宴会場のほか、ホテルの宴会場やレストラン、専用のゲストハウスなど、選択肢は多様です。

ここでも両家の意見が食い違うことがありますが、親の希望は二の次にし、脇役に徹したほうが無難に解決するようです。ただし、高齢者や事情のある親族への配慮などは、親の視点でアドバイスするといいでしょう。

結婚式を挙げる地域決めの具体案

- **両家の中間地点で行う**
  - メリット　公平感がある
  - デメリット　上司や友人を招待しにくい
- **ふたりが結婚生活を送る居住地で行う**
  - メリット　友人や知人を招待しやすい
  - デメリット　両家の親族が来にくい
- **どちらかの地元で挙式し、日を改めてもう一方の地元で披露宴を開く**
  - メリット　公平感がある
  - デメリット　費用がかかる
- **国内や海外のリゾートで行う**
  - メリット　印象的な結婚式になる
  - デメリット　ゲストが限られる

おもな結婚の儀式

キリスト教式

神父もしくは牧師が聖書の一節を読み、新郎新婦は、キリスト教の神に永遠の愛を誓います。華やかなウエディングドレスやチャペルへの憧れから人気です。

仏前式

新郎新婦は念珠を手に焼香し、杯を交わします。本来は菩提寺《ぼだいじ》で先祖に結婚を報告し加護を願う儀式ですが、多くは大きな寺院や結婚式場で行われます。

神前式

雅楽が流れるなか、神主が祝詞《のりと》を奏上。新郎新婦は三三九度の杯を交わし、玉串を神前に捧げます。神社のほか、結婚式場の神殿で行われます。

人前式

宗教にとらわれず、ゲストの前で結婚の誓いを立てるスタイルで、近年人気が高まっています。式次第はキリスト教式に近いものが多いようです。

※儀式の形式は宗派によって異なります。

おもな披露宴会場

結婚式場内の披露宴会場

神社や専門の式場の多くには、披露宴会場が併設されています。挙式後すぐに披露宴会場に移動できて便利なうえ､スタッフが慣れているため安心感もあります。

ホテルの宴会場

宴会場のない教会や神社で挙式した場合の披露宴会場としてよく利用されます。挙式できるホテルも多く、遠方のゲストが宿泊できるので便利です。

ユニークな会場

客船（クルーザー）､アミューズメントパーク、美術館や水族館、屋外ガーデンなど、新郎新婦の思い出の地や共通の趣味を活かせる場所で行います。

レストラン

ゲストに料理を楽しんでもらえる会場として、人気があります。比較的安価に、オリジナリティーにあふれた披露宴を行えます。

ゲストハウス

最近人気の高い、一軒家を借りて結婚披露パーティーを開くスタイルです。多様なタイプがあり、演出を豪華にもアットホームにも、自由にアレンジできます。

親の心得

話し合い、譲り合って円満に

準備

しきたりをどのくらい重視するか

仲人を立てない結婚に、結納はどうするか

仲人とは、お見合い結婚が一般的だった時代の、お見合いから結婚までを世話する縁談のまとめ役のことです。恋愛結婚が主流で、お見合いも事業化し個人に頼らなくなった現代では、仲人を立てない結婚が99%を占めるようになりました。

結納についても、本来なら仲人が男性宅から女性宅へ運んでいた結納品を、両家が一堂に会して受け渡しするなど、簡略化されたり、顔合わせの食事会で済ませたりするようになりました。

また、ホテルや結婚式場などでは、結納パックを用意しているところも多く見られます。予算は10万～30万円で、結納品の準備から当日の進行、食事会までがセットに。費用は、本来なら自宅に招くはずの女性側が負担しますが、両家の話し合いで折半にすることもあります。

結納金は、男性の収入の3か月分

結納金は、女性の嫁入り支度金として男性側から贈られるもので、目安は70万～100万円。高額なので、簡略化する場合は用意しないこともあります。

結納返しは、地域によって異なります。関東では結納金の半額または1～3割を返し、関西では通常、結納返しは行いません。

また、あらかじめ結納金から結納返しの金額を差し引いて贈る場合もあります。両家で事前によく話し合い、決めておきましょう。

結婚にまつわるおもなしきたりと考え方

結納

結納の形式や内容は、地方によって大きく異なります。最近は結納品の中の縁起物が省かれる傾向にあり、結納を行わないケースも増えています。

家族書や親族書の交換

結納のとき親族紹介のため、毛筆書きの家族書・親族書を交換していましたが、最近はパソコンでつくったものや、交換自体をしないことも多くなりました。

結納品

長寿や円満、繁栄などを象徴する縁起物に、婚約の証《あかし》としての金品を添えますが、婚約指輪を贈るだけにすることも少なくありません。

親族、ご近所へのあいさつまわり

新婚旅行から帰ったら、なるべく早くふたりの実家に、おみやげを持ってあいさつに行きます。親族やご近所に、名前の入った品物を配る地方もあります。

結納返し

関東では半返しといって、結納金の半額を返す習慣があります。最近では腕時計を贈ったり、最初から半額にして結納返しを省いたりすることが多くあります。

最初の手みやげ

結婚後、初めて実家を訪問するときには、地方によっては、末永くという意味からネクタイなど長いものを贈る習わしのあるところもあります。

結納返しは腕時計が主流

結納返しに腕時計を選んだ女性側のコメント

男の人が高級時計を身につけているとランクが上がって見えるかなと思ったので

記念に残るものをあげたかった

「ふたりで一緒に時を刻んでいきましょう」という意味で決めた

毎日腕につけていてほしかったから

実用的で、長くもつものなので。かなりがんばって、よいものをあげた

彼から70万円くらいする高級腕時計がほしいと言われた。足りないぶんは自分で出すから、とまで言われたから

親の心得

あくまで両家の都合を優先、理解したうえで話し合いを

失礼にならない親の服装

（和装の場合）

母親の第一礼装は黒留め袖 父親は紋付き羽織袴

和装の場合、母親の第一礼装は、黒留め袖の五つ紋を着用します。帯は格の高い袋帯、半衿・帯揚げは白、帯締めは白または金銀の組みひもにします。

父親の和装は、紋付き羽織袴と決まっています。羽織と長着《ながぎ》は黒羽二重で、染め抜き五つ紋が第一礼装です。袴は仙台平《ひら》か博多平で、角帯は西陣織か博多織。白足袋に草履《ぞうり》を履きます。

母親が黒留め袖であるからといって、父親も和装にする必要はありません。母親が黒留め袖、父親がモーニングコートという装いも一般的です。

両家で格をそろえる

結婚式で母親がとくに気になるのは、何を着るかでしょう。当日の服装を決めるときは、相手の親がどんな装いをするのかを、確認しておきましょう。

ホテルや結婚式場などの結婚式は、第一礼装が基本なので、相手側と不相応な服装になることはまずありませんが、カジュアルな雰囲気の会場で結婚式を行う場合、相手側と服装が合わないと気まずい思いをすることになります。

格さえ合っていれば、和装、洋装どちらにしてもいいでしょう。

す。もちろん、ふたりとも洋装でも構いません。
洋装の場合は、次ページをご覧ください。

レンタル和装

・レンタル料の相場・

母親用 **黒留め袖一式（小物付き）…2万〜10万円**

父親用 **紋付き羽織袴一式（小物付き）…3万〜8万円**

結婚式場なら当日の着付けも予約でき、返却もその日のうちに済ませられるので便利です。式場でレンタルできない場合は業者に予約しますが、美容院で手配してくれる場合や、インターネットや電話で注文でき、全国へ配送してくれる業者もあります。

注意！ 親族のなかにレンタルの希望者がいる場合があります。事前に確認し、一緒に手配してあげましょう。

親の心得

服装の格さえ合っていれば
和装・洋装の、どちらでも構わない

（洋装の場合）

式場の格式によって選ぶ

式場の格式によって服装を選びます。ホテルや結婚式場などで行う一般的な結婚式では、正礼装か準礼装が基本です。レストランやハウスウエディングなどのカジュアルな雰囲気の結婚式では、略礼装で構いません。

ドレスを着慣れない日本人は、ロングドレスに抵抗がある方も多いでしょう。ひざ下程度の黒地のワンピースをコサージュやアクセサリーなどで、結婚式らしく華やかにすることもできます。

また、スーツの場合は光沢のある生地など、格調の高いものにします。いずれにしても、白は花嫁の色と重なるので避けます。

結婚式の主役は新郎新婦。ふたりより目立ってはいけませんが、ゲストより格の高い礼装で、新郎新婦と同格の、品のある洋服を選びましょう。

結婚式の時間帯によって選ぶ

服装は、正式には結婚式の時間帯によっても違ってきます。

●日中の明るい時間帯

母親　フォーマルドレスか、アフタヌーンドレス

父親　モーニングコート

●夜の時間帯

母親　ロングドレス

父親　燕尾《えんび》服、または略装となるモーニングかタキシードでも代用できる

●レンタル料の目安

母親　フォーマルドレス　1万～10万円

父親　モーニングコート　1万～6万円

レンタル店のスタッフに会場と時間帯を伝えれば、アドバイスしてくれます。親の服装については、自分たちが着飾るためのものではなく、あくまでゲストに対して失礼にあたらない服装という視点で選びます。

親の心得

ゲストよりも格の高い礼装で

idea

式当日までに用意する小物

● **父親が洋装の場合**

モーニングやタキシードには白かシルバーグレー、黒と白の斜め縞などのネクタイを用意します。白のポケットチーフ、黒の靴下も忘れずに用意しておきましょう。

● **母親が洋装の場合**

アクセサリーは真珠にします。真珠は品があり、落ち着いた雰囲気でゲストにも好感をもたれます。バッグや靴は、布製のものがいいでしょう。

● **和装の場合**

足袋《たび》は必需品です。汚れやほつれなどがないか、確かめておきましょう。式当日には何枚か用意していき、汚れたり、ほつれたりしたら、すぐに替えられるようにしておきます。

結婚式までに準備すること

親の視点からアドバイスする

親の関係者で、遠方からのゲストがいる場合は、交通の便や駐車場の有無、宿泊先などを確認してゲストに伝えます。また、高齢者や幼児がいる場合は、食事にも配慮が必要です。

ゲストをリストアップする際、親族関係は親が責任をもってチェックします。予定人数より増えてしまい、どうしても減らせない場合は、相手側に相談しましょう。相手側のゲストが少なく、総人数が予定内に収まるなら問題ありません。人数が増えてしまった場合は、早めに式場に連絡します。

両家の人数に差が出ても、人数比が4対6程度ならいいでしょう。費用の分担を人数割りにすることで、相手側の了解を得ます。

子ども側で招待したい友人が多い場合は、二次会を開いたり、親族と仕事関係者・友人とに分けて二部制の披露宴を行ったりする方法も。

また、遠方から招待するゲストに対しては、できれば交通費を負担してあげ、その旨を招待状に書き添えます。

親の関係者の席次は親が考える

挙式3か月前までにゲストを決め、2か月前をめどに招待状を送ります。差出人は、従来は両家の父親の連名でしたが、現代では結婚する本人たちの名前で出す場合が多いようです。

披露宴では席次も大切です。親族や親の関係者は、上座・下座だけでなく、宴席を楽しんでもらえるよう、席次に配慮します。

時代とともに変わる引き出物の種類

結婚式までに準備することのひとつに、引き出物があります。かつては見栄えばかりを重視して、大きくて重いものというイメージがありましたが、今は持ちやすく、かさばらないものが好まれています。

引き出物は、ふたりの結婚記念にもなるので、贈る人のセンスが光る、ゲスト本人が買わないような小さな高級品なども候補に入れて、考えるといいでしょう。

最近の人気トップ3は、カタログギフト、食器類、インテリア用品で、決めかねる場合は、ゲストがほしいものを選べる、カタログギフトも多く利用されています。

ただ、カタログギフトは味気ないと感じる人もいるようなので、ふたりとよく相談したうえで親の関係者のものは親が決める、としてもいいでしょう。

親の関係者についてのチェックポイント

- □招待漏れがないか
- □相手側のゲストとの人数調整
- □ゲストの人数調整で、親の関係者の増減は必ず親自身が確認
- □遠方からのゲストがいる場合、宿泊先と交通費を用意
- □高齢者がいる場合、披露宴の食事に配慮
- □幼児がいる場合、披露宴の食事やドア近くの席にするなど、席次に配慮
- □上下関係のあるゲストの席次に配慮
- □ゲストが孤立しないよう知り合いどうしを同席にするなど、席次に配慮

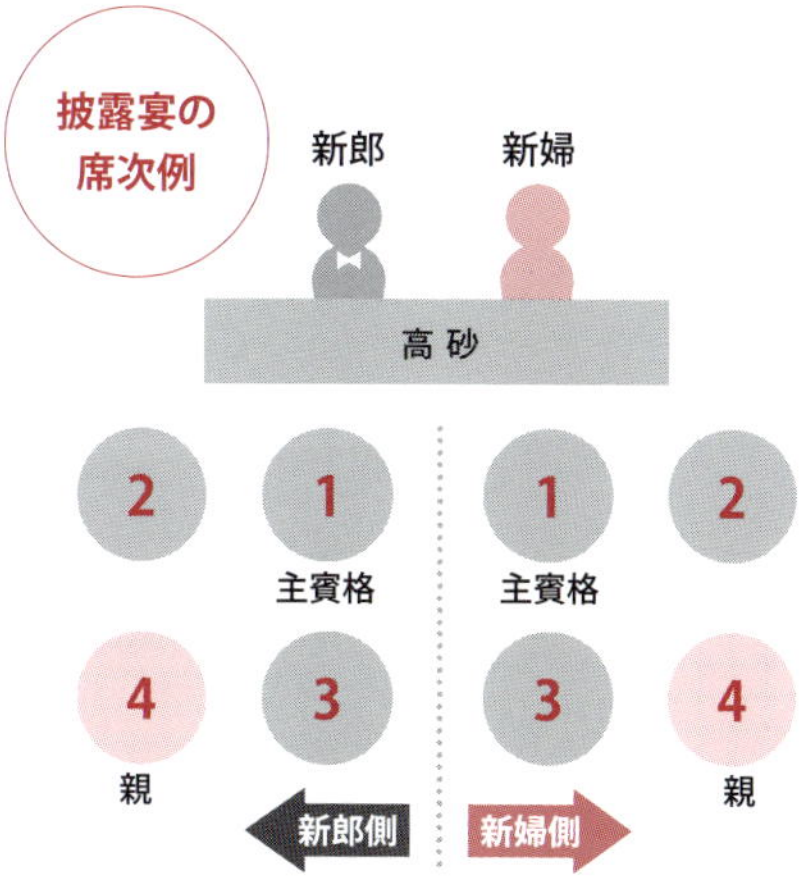

＊番号の小さい席ほど上座

親の心得

親の関係者については、親がチェック！

結婚相手のご家族とは今後どの程度のお付き合いをしていけばいいでしょうか

Q&A 1

せっかくご縁があって親族となったわけですから、仲よくお付き合いできれば、と思うもの。とはいえ、無理をするのはよくありません。自然体でできる範囲の心配りをすればいいでしょう。

季節のあいさつ状は、できるだけ出すようにします。最近はお中元・お歳暮を贈らないことも多いようですが、あらかじめ両家の話し合いと了解が必要です。もし、話し合う前に贈られてきたときは、相応の品物と礼状を贈り、あらためて話し合うようにします。

相手側に慶事と弔事があったときには、きちんと礼を尽くしましょう。息子（娘）の結婚相手の兄弟姉妹の婚礼などには、ご祝儀を贈ります。金額は、相手の年齢や地域などによっても異なりますが、3万円程度が相場です。

弔事の場合、相手の親か兄弟姉妹であれば、通夜か告別式に列席します。祖父母の弔事には、香典を子どもに託すケースが一般的です。それ以外の冠婚葬祭については、とくに連絡がなければ気遣いは無用です。

子ども夫婦と同居する場合は、相手側の親の気持ちに配慮しましょう。とくに孫のお祝いごとは、子ども夫婦を中心によく話し合って分担を決めるようにします。

いずれにせよ、自分たちの習慣や家風などを押しつけるのはよくありません。両家の考え方が異なる場合は、子ども夫婦の判断に任せ、つかず離れずの関係を保ちながら付き合っていくのがいいでしょう。

第2章

親が知っておきたい結婚式・披露宴 当日

当日

結婚式・披露宴当日の流れ

結婚式当日は、全体のスケジュールを頭に入れ
挙式と披露宴が滞りなく進行するよう、親の役割を果たしましょう。

式場入り

親

- 挙式開始の1～2時間前に式場入り
- 相手側の両親にあいさつ
- 式場のスタッフにあいさつし、心付けを渡す
- 司会者やカメラマンなどに心付けを渡す

新郎新婦

- 新婦は2～3時間前に式場入り、着付け
- 新郎は1～2時間前に式場入り、着付け

挙式前

親

- 控え室に移動。ゲストをもてなす
- 媒酌人がいる場合はあいさつをし、控え室に案内する
- 祝電を整理し、司会者に渡す
- 挙式のリハーサル（父親はバージンロードを歩く練習など）

新郎新婦

- 支度が済んだら控え室に移動する
- ゲストをもてなす
- 媒酌人がいる場合はあいさつしておく
- 挙式のリハーサル

挙式

親

- 挙式に参列する
- 神職（神主、斎主、祭主）や聖職者（神父、牧師）の指示に従う

新郎新婦

- 結婚を宣誓する

結婚式・披露宴のスケジュール

挙式後

- **親族紹介をする**
  ※挙式前に行っていない場合
- 記念写真を撮影
- ゲストの控え室に行き、もてなす

- 記念写真を撮影
- 控え室に来てくれたゲストをもてなす

披露宴

- 会場の入口でゲストを迎える
- 媒酌人・主賓のあいさつに耳を傾ける
- 各テーブルをまわり、あいさつする
- **両家代表のあいさつをする**

- 会場の入口でゲストを迎える
- 媒酌人・主賓のあいさつに耳を傾ける
- お色直し、キャンドルサービスなどを行う
- 新郎のあいさつ（行わない場合も）

披露宴後

- 会場の出口でゲストを見送る
- 媒酌人がいる場合はお礼のあいさつをして見送る（このときに謝礼を渡すことも）
- 式場の後片付けと忘れ物のチェック
- ご祝儀や芳名帳を受け取る
- 心付けの渡し忘れがないか確認する
- 式場の精算

- 会場の出口でゲストを見送る
- 媒酌人がいる場合はお礼のあいさつをして見送る
- 着替えて二次会会場へ
- 二次会に持参しないものを親に預ける

結婚式当日のための準備

遅刻しないように移動経路をチェック

あらかじめ式場までの交通の便をチェックしておきましょう。車での移動は渋滞なども考え、充分な時間を見ておきます。また、電車を使う場合も乗り継ぎなどに注意して、家を早めに出るようにします。

新郎新婦や媒酌人、主賓などを車で送迎する場合は、予約をしておきます。

また、当日、式場で和服の着付けや美容院の利用を希望する人の予約もしておきましょう。媒酌人夫人の着付け費用は、両家で折半するのが一般的です。

礼服・心付けの用意と持ち物のチェックを

礼服は早めに用意し、汚れやほつれなどがないかチェックしておきます。また、足袋《たび》や草履《ぞうり》、ストッキングや靴下、バッグ、靴、アクセサリーなどがそろっているかを確認します。

あらかじめ持ち物リストをつくっておき、前日にそのリストを見ながら、持っていくものを1か所にまとめておきます。出かける前にもう一度チェックし、準備万端ととのえましょう。

持ち物リスト

- □スケジュール表、席次表
- □礼服一式（帯・草履など）
- □礼服に必要な小物類（アクセサリーなど）
- □媒酌人や主賓のお車代
- □心付け（予備も用意）
- □あいさつの原稿

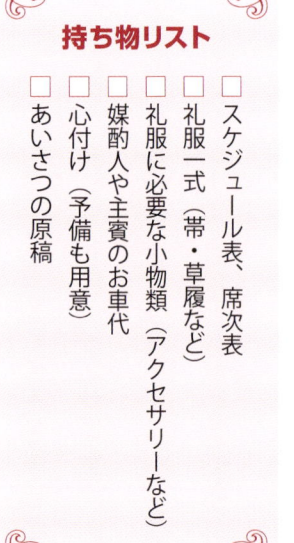

心付けの相場と渡し方の注意

式場でお世話になる人に渡す心付けは、祝儀袋は結び切りで、表書きの「ご祝儀」「寿」などの真下に姓を書き、新札を包みます。だれに、いくら渡すのかをリストにし、両家で重複しないよう確認しておきましょう。

心付けの目安

式場スタッフ	3,000円〜1万円
介添人	5,000円〜1万円
美容師・着付け係	5,000円〜1万円
司会者・カメラマン（プロ）	5,000円〜1万円
司会者（友人）	3万円
カメラマン（友人）	実費+5,000円〜1万円
運転手	2,000円〜3,000円
受付	2,000円〜3,000円

●式直前の役割

挙式が始まる1〜2時間前に式場に到着
→ 相手側の両親にあいさつ
→ 式場スタッフ、司会者などお手伝いしてもらう友人、美容師や着付け係にあいさつし心付けを渡す
→ 両家それぞれの控え室に入り媒酌人やゲストに丁重にあいさつ
→ 会場に届いている祝電を整理し司会者に渡す
→ ゲストにあいさつし、もてなす

親の心得

親は心付けを渡すなど新郎新婦の代理を務める

控え室でのふるまい

新郎新婦の代わりにゲストをもてなす

親には、忙しい新郎新婦の代わりにゲストをもてなすという、大切な役割があります。

控え室に入室するゲストを丁重に迎え、お祝いの言葉に対するお礼や、列席してくれるお礼などを述べます。新郎新婦の仕事の関係者には、日頃のお礼も伝え、桜湯などでもてなしましょう。

ゲストのなかには、まったく面識のない人もいますが、積極的に声をかけ、列席への謝意を述べましょう。

媒酌人がいる場合、親族が到着したら紹介します。紹介するときは、媒酌人に親族の名前と新郎新婦との関係を伝え、続けて媒酌人の名前を親族に伝えます。

挙式の時間が近づくにつれ、人の出入りが激しくなりますが、落ち着いて務めを果たしましょう。

ゲストをもてなすときに気をつけたいマナー

新郎新婦の結婚を心から喜んでもらい、気持ちよく過ごしてもらうためには、細やかな気遣いが必要です。新郎新婦の親としてふさわしいふるまいをしましょう。

とくに新郎新婦の仕事の関係者には、充分に配慮する必要があります。左ページに、親として守るべきマナーを挙げたので、参考にしてください。

これだけはおさえておきたい 控え室でのマナー

1 長く話し込まない

親しい人や親族にあいさつすると話が長くなりがちですが、ほかのゲストのもてなしがおろそかにならないよう短めに切り上げます。

2 相手側の話題は避ける

悪意はなくても誤解を招くことがあるので、相手側のことを話題にするのは避けます。

3 年配者や来賓には座ってもらう

控え室にあるイスの数は限られています。年配者や来賓を優先して、座ってもらうようにします。

4 ゲストを控え室に招き入れる

控え室の入口に立ち、ゲストに室内に入ってくつろいでもらうようすすめます。

5 控え室を無人にしない

ゲストがあいさつに訪れたり、緊急の連絡が入ったりすることもあるので、家族や親族がつねに待機するようにします。

6 全体を見渡し気配りをする

ゲストすべてにお茶が出ているか、もてなしに不手際がないか、全体に気を配ります。

親の心得

マナーに気をつけ、ゲストに配慮する

親族紹介のしかた

親族を紹介するのは父親の役目

挙式が終わると、それまで分かれていた両家の控え室がひとつになり、披露宴が始まるまでに親族紹介と記念撮影を行います。

親族紹介は本来、媒酌人の役割ですが、最近では媒酌人を立てないことのほうが多くなっているため、両家の父親が親族を紹介します。

会場がレストランの場合など、挙式前に行うこともあるので、事前に確認しておきましょう。

紹介の順番と実際のあいさつ

新郎側、新婦側の順で紹介していきます。まずは自分たち家族の紹介から始めます。それから新郎（または新婦）に近い親族で、年齢の高い順から紹介していきます。姓名と住まいのある場所、勤め先などを紹介してもいいでしょう。

人数が多い場合は、自己紹介の形式をとることもあります。

1 自分たちの紹介例

「私は新郎の父、山田弘と申します。よろしくお願いいたします。こちらは新郎の母親の信子でございます」

「新郎の兄の敬一です。○○商事に勤めております。隣は妻の佐和子と娘の優菜です」

「新郎の妹の紗世と申します。○○高校の3年生です」

2 親族の紹介例

「隣は新郎の伯父、山田洋介でございます。その隣におりますのが、新郎の叔母にあたります小川啓子でございます」

3 紹介された人のあいさつ例

「よろしくお願いいたします」

「伯父の山田洋介でございます。新郎の蒼太のことは息子のように思っており、きょうの日を迎えられたことをうれしく思っています」

「叔母の小川啓子でございます。よろしくお願い申し上げます」

4 紹介後の結びのあいさつ例

「以上でございます。幾久しくよろしくお願いいたします」

「以上でございます。これをご縁に、どうぞ仲よくお付き合いいただけましたら、これ以上の喜びはございません」

親の心得

親族紹介は、両家親族が初めて顔を合わせる大切なとき

idea

子どもの結婚が決まったらまずは電話であいさつを

両家が離れている場合、相手側の親とは結納や結婚式当日が初対面となる場合も多くありますが、式場や服装の相談など連絡を取り合うことも考えられるので、子どもの結婚が決まったら、なるべく早く電話であいさつをしましょう。自己紹介やあいさつの言葉とともに、ふたりの結婚を喜んでいることを必ず伝えます。

例 「○○の父親の□□と申します。お電話にて失礼とは存じますが、○○から△△さんとの結婚の話を聞き、取り急ぎごあいさつさせていただきたいと思いました。すばらしいお嬢さんとのご縁を、とてもうれしく思っております。これから、どうぞよろしくお願い申し上げます」

このとき、相手側の家族の職業や勤務先など、個人情報については尋ねないようにします。また、あいさつの手紙を添えて、郷土の名産品などを送ると喜ばれ、初対面のときの、会話の糸口にもなります。

披露宴での親のふるまい

感謝の気持ちをゲストに伝える

披露宴での親の役割は、ふたりの結婚を祝うために列席してくれたゲストを引き立て、精いっぱいもてなすことです。

主賓の祝辞が終わったら、各テーブルをまわってゲストにお酒をすすめます。このとき「本日はお越しいただき、ありがとうございます。これからもふたりをよろしくお願いいたします」などと、感謝の意と今後の支援を願う言葉を添えます。

洋食や中国料理の場合、お酒はウエイターがつぐのが原則。ボトルを持たず、あいさつだけしてまわりましょう。ゲストのグラスが空いていたら、ウエイターを呼んでついでもらいます。

ゲストにあいさつする際、初対面ではふたりとの関係もわからず、うまく話せません。そこで、席次表ができた時点で、ゲストとのエピソードやお世話になったこと、趣味や好きなものなどを聞いてメモしておき、話の糸口とします。

ゲストへの気遣いとマナー

ゲストのあいさつや余興のときは席に戻り、耳を傾けます。また、食事中にあいさつや余興が始まったら、食べるのを中断して顔を向け、終わったら一礼して食事を再開します。

披露宴も半ばになると、座がなごみ、お酒をすすめにくる人もいます。お酒が飲めなくても、断らずに受け、形だけでも口をつけるようにしましょう。また、お酒が強くても、飲みすぎないように気をつけます。

ゲストへのあいさつと会話のポイント

仕事関係者に対して

主賓はもちろん、会社勤めの場合は、社長や直属の上司などには必ずあいさつをします。

本日はお忙しいなか、ご出席いただき、ありがとうございます

いつもご指導いただき、ありがとうございます。
息子から○○さんにはたいへんお世話になっていると聞いております

これからもご指導、ご鞭撻《べんたつ》のほどよろしくお願いいたします

●新婦が結婚退社する場合

今までたいへんお世話になりました

相手の親族に対して

よい機会なので、相手側の親族へもあいさつに伺います。とくに遠方から来ている方の情報を事前に得ておき、列席のお礼を述べるといいでしょう。

遠方からご出席いただき、まことにありがとうございました。
これから、どうぞよろしくお願い申し上げます

恩師や友人に対して

子どもの恩師や友人には、たとえ親しくしている間柄でも、きちんとあいさつをします。

お忙しいところ、お越しいただき、ありがとうございます。
どうぞごゆっくり、召し上がってください

高校時代はたいへんお世話になりました。ここでこうしてお会いできますことを、とても楽しみにしておりました

●祝辞をお願いしている場合

スピーチのあとに席に伺い、お礼の言葉と、できれば感想なども伝えます。

先ほどはありがとうございました。
とてもうんちくのあるお話で、思わず聞き入りました

先ほどは楽しい歌をありがとうございました。たいへんお上手で感動しました。
今後とも息子（または娘）夫婦をよろしくお願い申し上げます

親の心得

積極的にゲストに話しかけ、もてなす

披露宴でのテーブルマナー

披露宴は、かしこまった席と心得る

披露宴が始まっても、乾杯が終わるまでは料理に手をつけません。乾杯が済んでから食事となりますが、披露宴の主催者である親は、主賓が食事を始めるのを待って食べ始めます。

各テーブルにあいさつにまわるときなど席を離れるときは、必ずナプキンをイスの上に置いていきましょう。テーブルの上に置いていくと、料理を下げられてしまいます。

喫煙は、禁煙または分煙の会場でなくても、せめてメイン料理が終わるまでは控えます。喫煙する場合は、周囲に「タバコを吸ってもいいですか」と声をかけ、許可を得てから吸いましょう。

洋食・和食・中国料理のテーブルマナー

●洋食

ナイフとフォークで食べるのが基本ですが、使い慣れていない場合は箸《はし》を用意してもらいましょう。あらかじめ会場のスタッフに頼んでおくと安心です。

洋食のコース料理はテーブルごとに運ばれてきますが、同じテーブルの全員に配り終わるまでは手をつけないのがマナーです。食事の途中でナイフとフォークを置くときは、皿にハの字になるように置きます。

食べ終わったら、ナイフとフォークをそろえて皿に置いておきましょう。テーブルの全員が食べ終わるのを見計らって皿を下げ、次の料理を給仕してくれるので、自分だけ遅くならないよう注意します。食べきれない場合は、ナイフとフォークをそろえて皿に置き、下げてもらいましょう。

皿は持ち上げたりせず、テーブルに置いたまま食べます。ウエイターが飲み物をつぎにきたら、グラスは持たず、テーブルに置いたままついでもらいます。

●**和食**

食べる順番に決まりはありませんが、手前から順に食べるときれいに見えます。汁物はお椀《わん》のふたを取り、裏返して右側に置き、食べ終わったら元に戻しておきます。

●**中国料理**

回転卓の場合、時計まわりにまわし、目上の人から取り始めます。ほかの人が料理を取っているときにはまわさないようにし、勢いよくまわしたり、逆方向へまわしたりしないよう注意。取ったものは残さず食べるのがマナーです。

洋食のテーブルセッティング

●カトラリー
献立順に外側から内側へ並んでいる。料理が運ばれてくるたびに外側から使えば間違いない

●グラス類
飲み物ごとに分かれている。料理に合わせてつがれるが、自分からグラスを持つ必要はない

親の心得
ゲストに気を配りながら食事を楽しむ

両家代表のあいさつとお見送り

花束の贈呈は母親に渡すのが一般的

披露宴の最後を飾るのが、花束贈呈と両家代表のあいさつです。親は出口付近に一列に並び、新郎新婦が近づいてくるのを待ちます。

花束は、新郎から新婦の母親に、新婦から新郎の母親に渡す場合と、おのおの自分の母親に渡す場合の2パターンがあります。前者は「これからよろしくお願いします」という願いを、後者は「今まで育ててくれて、ありがとう」という感謝の気持ちをこめたものになります。

また、母親だけでなく父親にも渡す場合もあります。最近では、旅行券や自分に似た人形、ウエイトベア（子どもの出生時の体重と同じ重さの熊のぬいぐるみ）などが贈られることもあります。

父親または新郎が両家代表のあいさつをする

花束贈呈に続いて、両家の代表がゲストにあいさつをします。一般的には新郎の父親が行いますが、両家の父親があいさつすることもあります。また最近では、新郎新婦があいさつをする場合（詳細は50ページを参照）もあります。

あいさつには、列席のお礼と新郎新婦への今後の支援をお願いする言葉を必ず盛り込みます。また、子どものころの思い出やふたりのエピソードなどを紹介すると、心温まるあいさつになります。

短く、ポイントを絞った内容にしましょう。以前は3分間などといいましたが、最近では1分間で充分との意見も。心をこめて話せば、むしろ短いほうが気持ちが伝わります。

大勢の前で話すのは緊張するものですが、深呼吸をして背すじを伸ばし、大きな声ではっきりと話しましょう。一語一語を区切るように話すと聞き取りやすくなります。できれば、視線を1か所に固定せず、全体をゆっくり見まわし、後方の席にも視線を向けると好印象です。

最後まで気を抜かずゲストを見送る

司会者がお開きのあいさつをしたら、新郎新婦と親は先に退場し、出口に一列に並んでゲストを見送ります。披露宴が終わっても、見送りが終わるまでは気を抜かず、「お忙しいなか、どうもありがとうございました」「今後ともどうぞよろしくお願いいたします」などと、一人ひとりに感謝の言葉を述べてお見送りしましょう。

また、相手が知り合いだとつい話し込んでしまいがちですが、特定の人とだけ長時間話をするのは礼儀に反するので、気をつけます。

親の心得

ゲスト全員を見送るまで気を抜かない

披露宴後の後片付けと精算

お世話になった人にお礼をする

ゲストをお見送りしたら、関係者にお礼の言葉を述べます。新郎新婦は着替えや二次会の準備などであわただしいこともあるので、親が代理で謝意を伝えるといいでしょう。

式場スタッフや受付、司会者、カメラマンなどに「おかげさまで、とてもよい披露宴になりました。ありがとうございます」などと、あいさつをします。

新郎新婦の友人に司会や撮影をお願いした場合は、ゆっくり食事をとる時間がなかったはずなので、彼らのために軽食を用意するか、食事代を渡すようにします。食事代の代わりに、相応の品物を渡す場合もあります。新郎新婦と話し合って、決めておきましょう。

親が行う最終チェック

会場への支払いは事前に済ませてある場合がほとんどですが、当日追加があったときなどには、披露宴後に精算することになります。会場のスタッフに確認し、会計を済ませましょう。

また、受付から祝電や名簿、芳名帳、ご祝儀などを受け取ります。

忘れ物がないようしっかり確認する

会場をあとにする際、とくにゲストの忘れ物や落とし物がないか、控え室や披露宴会場、ロビーなどを確認します。

最後に、受付から受け取った祝電や名簿、芳名帳、ご祝儀のほか、自分の財布やバッグなども忘れずに点検しましょう。

結婚式後に親がすること

結婚式が終わると安心してしまいがちですが
まだすべきことが残っています。あまり遅くならないうちに済ませましょう。

翌日までにすること

- 式場やタクシー会社の未払い金を精算する
- レンタルの衣装を返却する

2～3日後にすること

- 挙式・披露宴でお世話になった人に、お礼状を出す
- 媒酌人に謝礼を持ってあいさつに行く
（媒酌人への謝礼は結納金の1～3割が目安。新郎新婦が新婚旅行から帰ってからでもOK）
- 相手の家や媒酌人に立替金があれば精算する
- 近所へあいさつにまわる（新婚旅行から帰ってからでもOK）
- 親の関係者のご祝儀を確認しリストをつくる

1週間以内にすること

- お礼状を発送する

1か月以内にすること

- 結婚式に招待しなかった人からの結婚祝いにお返しをする

親の心得

**結婚式が終わっても
親のすべきことはある**

Q&A 2

披露宴では、親として ゲストをどのように もてなせばいいでしょうか

親がゲストに直接お礼の言葉を伝えられるのは、新郎新婦がお色直しで中座する30分ほどの間です。ふたりの再入場後は、余興などを予定していることが多いので、あとはお開き後の見送りの際になります。

主賓、仕事関係者、新郎新婦の仲を取りもった人など、とくにお世話になっている人に「本日はありがとうございました。今後とも、ふたりをどうぞよろしくお願いします」

「○○さんでいらっしゃいますか。いつも□□がお世話になっています。きょうは、お忙しいところおいでいただき、ありがとうございます」

などと伝えます。新郎新婦の親からのあいさつは、されたほうもうれしいものです。

時間に余裕があるようなら、相手側の親族のテーブルにも顔を出しましょう。親と違い親族と会う機会はそうありませんから、この場を借りて「○○を、今後ともよろしくお願いいたします」と、あいさつしておきましょう。

ときおり、お酒のボトルを持ったままテーブル間を行き来する人を見かけますが、あまり品のよいものではありません。女性はとくに控えたいふるまいです。

親族へのあいさつは、お酒をつがなくても構いませんし、つぎたいときは、そのテーブルやそばに置いてあるボトルを用いればいいのです。

おもてなしはこうあるべき、と硬くなることはありません。「お世話になっている人に感謝する」「これからお世話になる人にお願いする」と、シンプルに考えましょう。

第3章

失敗しない
あいさつ原稿のつくり方

あいさつ

両家代表のあいさつはだれが、なぜするのか

ゲストに感謝の気持ちをあらわす

披露宴の締めくくりになくてはならないのが、両家代表によるあいさつです。これはゲストへの謝辞で、忙しいなか列席してくれたことや、新郎新婦への祝辞に対する感謝の言葉を、心をこめて述べます。

さらに、新郎新婦とのエピソードや、親または親族としての思いなどを述べ、新郎新婦への今後の支援をお願いし、もてなしの不行き届きを詫びる言葉で結びます。

気をつけたいのは、両家を代表するあいさつであるということです。自分側の話ばかりするのは避け、できれば相手側のことにもふれる内容にしましょう。また、自分たちの代表のあいさつなので、新郎新婦はもちろん、親、きょうだいなど両家の親族は、私語などを控え、一緒にあいさつをする気持ちで、背すじを伸ばして聞きます。

あいさつをするのは、新郎の父親が一般的

一般には新郎の父親があいさつしますが、新郎の父親が亡くなっている、事情があってどうしても列席できない、病気療養中で負担が大きくてできないなどの場合には、新郎の母親、あるいは新婦の父親が代わりにあいさつします。

新郎の母親があいさつできそうにない場合は、新郎のおじがあいさつすることも多くあります。このように、新郎新婦ともに親があいさつできない場合には、親族があいさつします。優先順位は

❶新郎のおじ、おば
❷新婦のおじ、おば
❸新郎の兄、姉
❹新婦の兄、姉

となります。親族は、話し始めに自分があいさつをする理由を簡単に説明します。

●両家の父親があいさつをする場合

最近では、両家の父親がともにあいさつすることも少なくありません。その場合は、話す内容が重ならないこと、ひとりあたりの話す時間を短めにすることを、事前に確認しておきます。

●新郎が自分であいさつをする場合

新郎が自らあいさつをすることも増えています。ゲストのほとんどは新郎新婦の関係者ですから、本人からあいさつをするのが自然ともいえるかもしれません。列席してくれたお礼と、新生活への豊富を中心に語りますが、両親への感謝の言葉を添えてもいいでしょう。

親の心得

あいさつをする人は両家の代表だということを忘れずに

あいさつの内容と時間の目安

気負わずに自分らしく

両家を代表するあいさつだから上手に話さなければと気負って、プレッシャーから硬くなり、ぎこちない話し方になってしまうこともよくあります。

しかし、あいさつは、つかえながらでも気持ちをこめて話すことが大切です。立派なあいさつより、自分らしいあいさつを心がけましょう。

人生訓やむずかしい言葉を遣うより、親族だからこそ知っている、新郎新婦のエピソードなどを添えたほうが印象的になります。

その場合、心に残る思い出をひとつだけ紹介しましょう。いくつも紹介すると、あいさつが間延びするばかりか、かえって印象が薄くなってしまいます。

ゲストの顔ぶれや雰囲気に内容を合わせる

新郎新婦の上司や取引先の人など、仕事関係者や年長者のゲストが多い場合は、あいさつがくだけすぎないようにします。新郎新婦のエピソードを加えるならば、失敗談や親を困らせた話などは避け、幼いころのほほえましい思い出や学生時代に努力した話など、聞いていて心に染みいるようなものを披露しましょう。

レストランウエディングやハウスウエディングなど、会場がカジュアルな場合や、新郎新婦の友人など若いゲストが多い場合には、新郎新婦の笑える失敗談などを話しても構いません。

新郎新婦からゲストの顔ぶれや披露宴の会場について聞いておき、あいさつの内容を考えましょう。

時間の目安は3分以内、できれば1分で感情をおさえて話す

披露宴の締めくくりのあいさつが長引くと、ゲストが疲れてしまいます。結婚式の華やいだ余韻を残すためにも、短めにまとめましょう。目安は3分以内、文字数なら500〜600字程度で、長くても800字までに収めます。

早口になったり、極端に短すぎたりしないよう気をつけ、選んだ言葉をゆっくりていねいに、心をこめて述べられれば、1分のあいさつでも充分です。

また、親としての思いなどを話しているうちに感極まることもありますが、自分の話に酔ってしまうのは聞き苦しいもの。感傷的になりすぎないよう話をまとめましょう。思わず感情が出てしまった場合は「これまでのさまざまなことが思いだされて柄にもなく感涙してしまい、失礼いたしました」と、ひと言添えましょう。

子どものエピソード OK&NG例

OK（○）

- スポーツに打ち込んでいた
- 受験勉強や資格試験に真剣に取り組んだ
- ペットとのふれあいなど動物好きな一面
- 友人が多い
- 兄弟（姉妹）と仲がよい
- 親思い、祖父母へのいたわり
- ボランティア活動
- 健康的、体力がある
- 体が大きい、声が大きい、元気
- やさしい、気遣いができる

NG（×）

- 学校で問題を起こした
- 万引きや交通事故など非行や事件性のある話
- 反抗期で手を焼いた
- 成績が悪かった
- 騙《だま》されて痛い目にあった
- 病弱、臆病、決断力がない
- 頼りない、暗い、冷たい
- 親元にあまり寄りつかない
- 結婚を反対した（された）話
- 前に付き合っていた異性の話
- ギャンブル好き、借金を連想させる話

親の心得

「心をこめて」「3分以内」で「場に合った」あいさつを

あいさつの基本構成は、8項目

一般的なあいさつの例

❶自己紹介

新郎の父、○○でございます。両家を代表いたしまして、ひと言、ごあいさつを申し上げます。

❷披露宴ご列席に対するお礼（ゲストへのお礼）

本日はご多忙中にもかかわらず、大勢の皆さまにご臨席をたまわり、まことにありがとうございます。

❸媒酌人・関係者へのお礼

ご媒酌の労をお執りくださいました○○○○さまご夫妻には、たいへんお世話になりました。この場をお借りして、厚くお礼申し上げます。

❹祝辞へのお礼

また、本日はたくさんのご祝辞や励ましのお言葉をいただき、まことにありがとうございました。本人はもとより私たちも、親として感謝の気持ちでいっぱいでございます。

両家代表のあいさつに必要な基本構成をおさえる

両家代表のあいさつには、基本となる8つの項目があります。どんなにくだけた宴席であっても、その基本は守って話をしましょう。上の一般的なあいさつの例を参考にしてください。❶の自己紹介の前に❷のゲストへのお礼を述べるなど順番は多少、入れ替わっても構いません。

また、最近は媒酌人を立てないことも多く、❸で司会者や受付の方たちへのお礼を言うこともあります。

❺親として伝えたい思いやエピソード

ふたりは晴れて夫婦となり、新しい人生のスタートラインに立ったわけでございますが、これからの長い道のりは平坦ではありません。お互いに力を合わせ、支え合って明るい家庭を築いていってほしいと願っております。

❻新郎新婦への今後の支援のお願い

ふたりはまだ至らぬことの多い若輩者でございます。皆さまには、今後とも温かいご支援とともに、ご指導、ご鞭撻《べんたつ》をたまわりますよう、心よりお願い申し上げます。

❼もてなしの不備に対するお詫び

本日は遠路お越しいただきながら、慣れない宴席ということで、不行き届きの点も数多くありましたこと、何とぞお許しいただきたく、お願い申し上げます。

❽結びの言葉

最後になりましたが、皆さまの末永いご多幸をお祈り申し上げまして、結びの言葉とさせていただきます。本日は、まことにありがとうございました。

なお、❺の親（または親族）としての思いや、❼のもてなしの不備に対するお詫びの言葉は、省くこともできます。

あいさつの基本構成8項目

❶自己紹介
❷披露宴ご列席に対するお礼（ゲストへのお礼）
❸媒酌人・関係者へのお礼
❹祝辞へのお礼
❺親として伝えたい思いやエピソード
❻新郎新婦への今後の支援のお願い
❼もてなしの不備に対するお詫び
❽結びの言葉

原稿のつくり方と注意点

あいさつは500~600字程度に

親のあいさつは、披露宴を締めくくる大切なものです。簡潔にまとめ、練習しておくためにも原稿を用意しましょう。

文字数の目安は500~600字で、長くても800字までにします。ただし、あくまで目安なので、これより短くても構いません。

まずは、前ページの8項目の基本構成に沿って書いていきます。

ふだん遣い慣れていない、むずかしい言いまわしを用いて格調高いあいさつにしようなどとは考えずに、自分の言葉で語りましょう。

読みにくい漢字や人の名前などには、ふりがなをふります。外国人の名前や海外の地名などで長いものは、いくつかに区切って、間をあけて書くと読みやすくなります。

実際は、句読点で息継ぎをしながら読むことになるので、普通の文章より句読点を多めに入れます。書き上げたら、もう一度、言葉遣いをチェックします。とくに、敬語や忌み言葉の使い方（58ページ参照）には注意しましょう。

最終チェックは声に出して読むこと

内容に間違いがなければ、声に出して読んでみます。言いにくい言葉や、ひと息で読めない文章は短く書き直します。

原稿が完成したら、早口にならないよう話すペースに気をつけて練習します。おおよその時間をはかり、3分以内に収まるよう調整しましょう。

あいさつ原稿のつくり方

基本構成の8項目中❺以外について、
候補となる文を抜きだし、本書を参考にいくつか書いてみる

↓

❺のエピソードや伝えたい思いは、アルバムを見たり
親子で思い出話をしたりして、候補をいくつか書きだし、ひとつにしぼる

↓

全文を推敲《すいこう》し、ゆっくり読んでみて、長さを3分以内で話せるよう調整する

あいさつで避けたい話題

あいさつには、ふさわしくない話題もあります。
以下はその一例です。参考にしてください。

- 自分に起きた不幸なできごと
- ギャンブルの話
- 親族の離婚や倒産など不幸な話
- 有名人の離婚や犯罪などの話
- 病気の話
- 自分の仕事がうまくいっていない話
- 他人の悪口
- 政治や宗教の話
- 相手の家族の批判
- 自分の家族や親族の自慢話

親の心得

**基本をおさえながら
自分らしいあいさつに**

敬語や忌み言葉に注意する

尊敬語と謙譲語に注意 忌み言葉はなるべく言い換える

　原稿を書くときに迷うことのひとつに、敬語の使い方があります。ゲストに失礼のないよう正しい敬語を用いますが、ふだんあまり遣っていない言葉ばかりでは、気持ちの伝わりにくいあいさつになりかねないので注意しましょう。

　身内には謙譲語を使いますが、結婚相手には、自分の家側から話す場合は尊敬語、両家としてゲストに向かって話すときには謙譲語、と使い分けます。

　また、昔から縁起の悪い言葉を「忌み言葉」といい、結婚式や披露宴などでは別の言葉に言い換えます。ただし、それほど気にしすぎなくてもいいでしょう。

おもな忌み言葉と言い換え例

忌み言葉		言い換え
思い切って	➡	いっそのこと
終わり	➡	お開き　結び
帰る	➡	失礼する
重ねる	➡	合わせる
スタートを切る	➡	出発する
繰り返す	➡	何度も行う
数々	➡	数多く
たびたび	➡	何度も
離れる	➡	距離を置く
仕事を離れる	➡	家庭に入る
ますます	➡	いっそう
再び	➡	あらためて

おもな敬語表現

	尊敬語	謙譲語
会う	会われる　お会いになる	お会いする　お目にかかる
与える	くださる　たまわる	差し上げる
言う	言われる　おっしゃる	申す　申し上げる
行く	お越しになる　いらっしゃる	まいる　伺う　上がる
居る	いらっしゃる　おいでになる	おる
思う	思われる　お思いになる	存じる　存じ上げる
聞く	聞かれる　お聞きになる	伺う　お聞きする　承る
来る	お越しになる　いらっしゃる お運びになる　お見えになる	まいる　伺う　上がる
知っている	ご存じ	存じ上げる
～する	される　なさる	いたす　させていただく
食べる	お上がりになる　召し上がる	いただく　頂戴する
飲む	お飲みになる　召し上がる	いただく　頂戴する
見る	ご覧になる	拝見する
もらう	お受け取りになる	いただく　頂戴する　たまわる

結婚式で話される敬語表現の例

- 野球部の監督、○○先生の卓越した見識と指導力に、感服しておりました
- 私どもは民宿を営んでおります関係で、○○教授に拙宅においでいただき、貴重なお話を伺いました
- お料理は、充分に召し上がっていただけましたでしょうか
- 息子が差し上げました粗末なおみやげをたいへん喜んでくださり、お人柄のよさに感服したしだいです
- 私と妻とが上京しましたおりには、部長の○○さまがホテルまでお見えになり、ごあいさつくださり、恐縮したのを覚えております
- 我々の田舎は海も山もあり、たいへんよいところです。ぜひ皆さま、一度ご家族でおいでくださいますよう、お待ち申し上げております
- どこかでお目にかかることもあろうかと存じます
- 皆さまご存じのとおり――
- ○○さまにはお手紙を頂戴し――

親の心得

正しい敬語で、きちんとしたあいさつを

原稿の覚え方

何回も練習して、自然に覚える

原稿ができたら、声に出して読んでみます。文章としては問題がなくても、音読するとスムーズに話せないところが出てくることもあるので、話しやすい言いまわしに直しましょう。

繰り返し読んでいると、暗記しようと思わなくても自然に覚えられます。だいたいの内容を覚えたら、原稿を見ずに本番のつもりで話してみましょう。言葉が出てこないところがあれば、その部分を中心に練習します。

箇条書きのメモで自然なあいさつに

原稿は必ずしも丸暗記する必要はなく、ときおり原稿を見ながら話しても失礼にはあたりません。だれでも、本番ではあがってしまうもの。言葉に詰まることもあるので、念のため、手元に原稿を用意して臨みましょう。ただ、原稿を見だすと、つい一字一句にまで気をとられて不自然な話し方になるので、まずは、だいたいの流れを覚え、箇条書き程度にメモしたものを見ながら話すと、自然に話せるようになります。

メモのしかたに決まりはありませんが、文の出だしやキーワードを書いておくと、思いだしやすくなります。名前や役職名、組織・団体名などは、読み方も書き添えます。

覚える自信がないときや、本番で何も言えなくなってしまいそうな場合には、無理は禁物です。聞いているほうがハラハラするようなあいさつよりは、心をこめて原稿を読むほうがいいでしょう。

新郎の父、○○でございます。両家を代表いたしまして、ひと言、ごあいさつを申し上げます。

本日はご多忙中にもかかわらず、大勢の皆さまにご臨席をたまわり、まことにありがとうございます。

ご媒酌の労をお執りくださいました○○○○さまご夫妻には、たいへんお世話になりました。この場をお借りして、厚くお礼申し上げます。

また、本日はたくさんのご祝辞や励ましのお言葉をいただき、まことにありがとうございました。本人はもとより、私たちも、親として感激の気持ちでいっぱいでございます。

ふたりは晴れて夫婦となり、新しい人生のスタートラインに立ったわけでございますが、これからの長い道のりは平坦ではありません。お互いに力を合わせ、支え合って明るい家庭を築いていってほしいと願っております。

ふたりはまだ至らぬことの多い若輩者でございます。皆さまには、今後とも温かいご支援とともに、ご指導、ご鞭撻《べんたつ》をたまわりますよう、心よりお願い申し上げます。

本日は遠路お越しいただきながら、慣れない宴席ということで、不行き届きの点も数多くありましたこと、何とぞお許しいただきたく、お願い申し上げます。

最後になりましたが、皆さまの末永いご多幸をお祈り申し上げまして、結びの言葉とさせていただきます。本日は、まことにありがとうございました。

メモの取り方の例

- Ⓐ新郎の父、○○
- 両家を代表
- 本日はご多忙中にも
- Ⓓご臨席をたまわり
- Ⓑご媒酌の労をお執り
- ○○○○さまご夫妻
- この場をお借りして
- また、本日は
- Ⓒご祝辞や励ましのお言葉
- 本人はもとより、私たちも

メモのポイント

すぐに読めるよう行間にゆとりを

メモに書くこと

- Ⓐ 段落や文頭の言葉
- Ⓑ 名前や役職名、組織・団体名
- Ⓒ キーワードとなる言葉
- Ⓓ 遣い慣れていない言葉

親の心得

メモという裏技で、自然なあいさつに

好感をもたれるあいさつ

感謝の気持ちをこめて話す

原稿には定型文が多くなるので、それだけに、心をこめて話すのと、儀礼的に話すのとでは、ゲストの印象はまるで違ってきます。緊張のため早口になっても、「ありがとうございます」など感謝の言葉はゆっくり、気持ちをこめて述べましょう。それだけで、好感をもたれるあいさつになります。

ポイントはメリハリをつけてはっきりと

あいさつにいちばん大切なのは、全員が聞き取れるように話すことです。意識して、はっきり話しましょう。各段落の出だしのひと言を明《めい》瞭《りょう》に発音すると、聞き取りやすくなります。また、早口や声が小さくならないよう注意し、最後までしっかりと話しましょう。

使い慣れないマイクを扱うのは不安なものですが、高さの調節やオン・オフなどのセッティングは、会場スタッフがしてくれます。高さが合わない、音が出ないなど、トラブルがあっても自分では直さず、落ち着いてスタッフを呼び、調節してもらってからあいさつを始めます。

あいさつを忘れてしまったら

何度も声に出して練習していても、本番になると緊張して頭が真っ白になることもあります。そうしたときは原稿を出し、「恥ずかしながら緊張しておりますので、申し訳ありませんが、原稿を読ませていただきます」とひと言断り、堂々と原稿を見ながら話しましょう。

正しい姿勢とマイクの使い方

スタンドマイク

あごとマイクの高さが同じ位置になるように、マイクを調節してもらう

背すじを伸ばして立つ

体重を両脚に均等にのせる

手は体の横に下ろすか、前で組む

NG! 後ろで組むと横柄に見える

NG! 姿勢が前かがみになる

視線は会場の奥のほうに向ける

NG! キョロキョロする

ときどき全体を見まわすようにする

NG! ひとりだけを見ている

あいさつのなかで個人名を挙げるときは、なるべくその人のほうを向く

お礼の言葉を述べるときはおじぎをする

ハンドマイク

利き手で軽く握る

NG! 小指を立てる

ひじは体に添える

NG! ひじを上げる

マイクと口の間は、こぶしひとつぶんくらい開ける

NG! 口を近づけすぎる

親の心得

感謝の言葉はゆっくりていねいに心をこめて話す

Q&A 3

人前で話すのが苦手です。あいさつのときにあがらない工夫はありますか

たいていの人は、人前で話すことに慣れていません。まして、子どもの一生に一度のことですから、あがらない人はいません。適度な緊張感は集中力を高めるので、あがらないようにすることばかり考えず、「緊張してもいい」と思うようにしましょう。

よくある失敗のひとつが、緊張をほぐそうとしてお酒を飲みすぎてしまうこと。親のあいさつは、披露宴を締めくくる大切なものですから、酔いがまわらない程度にしましょう。

出番がきたら、まず3回深呼吸して緊張を解きます。呼吸を整えたら、マイクを口元に持っていきましょう。ゆっくりと話し始め「はっきりゆっくり大きな声で」を心がけます。

いきなり頭が真っ白になってしまったら、深呼吸しながら親しい知人や親族のほうを見ます。互いにほほえみ合うなどすれば落ち着いてくるので、ひと呼吸おいて原稿に目をやり、あらためて話しだします。「あがってしまって、すみません」と、ひと言添えてもいいでしょう。

また、あいさつに新郎新婦のエピソードを入れるときは、司会者に話す内容の前フリをお願いするのもいい手です。開宴前に、司会者に「○○は、子どものころから試作品といっては料理をしていた。そのころから、料理人に憧れていた」などの具体的なエピソードを伝えておきます。司会者にはその話を織り込んであいさつの指名をしてもらいましょう。ゲストの関心が集まり、あいさつが受け入れられやすくなります。

第4章

そのまま使える 親のあいさつ 文例集

新郎の父 1

一般的な謝辞（格調高い）

●無事に結婚式を行えたことへの感謝をあらわして

自己紹介とお礼

ただいまご紹介にあずかりました黒田誠の父、黒田長臣でございます。

1 本日は、皆さまにはご多忙中にもかかわらず、黒田家・野崎家の結婚披露宴にご臨席をたまわりまして、まことにありがとうございます。両家を代表いたしまして、僭越《せんえつ》ながらひと言、ごあいさつを申し上げます。

媒酌人へのお礼

2 また本日、ご媒酌の労をたまわりました川崎富士雄さまご夫妻には、心より感謝申し上げます。結婚式の主催から披露宴に至るまで、終始両人にご介添えくださいました。新郎新婦ともども厚く御礼《おんれい》申し上げます。

祝辞へのお礼

それに加えまして、株式会社コレスト社長の堀場仁さま、そしてご同僚、ご友人さまから新夫婦両人に対しまして、多くのお祝いやお褒めのお言葉、励ましのお言葉、温かいご訓戒をたまわりまして、私どもにとりましても身に余る光栄と存じ、ありがたく御礼申し上げるしだいでございます。

ふたりがこれほど大勢の皆さまに助けられ、支えられてきたこと、日頃の温かいご支援を感じることができ、感無量の思いでおります。

感謝の気持ちをていねいに述べる格調高いあいさつ

感謝の言葉を中心とした基本的な例です。新郎新婦に関する具体的なエピソードをひとつでも入れると、温かいあいさつになります（68ページ参照）。

アドバイス

媒酌人や主賓は、必ずフルネームにします。

1 言い換え例 冒頭の言葉

「皆さまには、本日お忙しいなかをご来席いただきまして」

「本日はこのように大勢の皆さまにご列席をたまわりまして」

ゲストへのお礼

本日こうして、皆さまにお越しいただき、めでたく両家相集《あいつど》いまして無事に結婚の宴が開けましたこと、親として感謝の念に堪えません。本当にありがとうございます。

支援のお願い

3 しかしなんと申しましても、両人ともまだ世間知らずの未熟者どうしでございます。新家庭を築いていくこれからの人生行路におきまして、迷うことも多くあると存じます。どうぞこれまで以上に、お導きのほどをよろしくお願い申し上げます。

お詫びと結びの言葉

本日はせっかくお越しくださいましたのに、粗酒粗肴《そしゅそこう》のうえ、至らぬ点も多かったことと存じます。何とぞ、ご容赦くださいますようお願い申し上げます。

また、受付、並びに司会・進行をたまわりましたお世話役の皆さまに対しましても、この場をお借りしまして厚く御礼申し上げます。

ご列席たまわりました皆さま方のいっそうのご発展とご健康をお祈り申し上げまして、御礼の言葉とさせていただきます。

本日は、まことにありがとうございました。

2 言い換え例 挙式の報告をかねたもの

「川崎富士雄さまご夫妻にご媒酌の労をお執りいただき、神前にて婚姻の誓いを済ませ、つつがなく夫婦となりましたことを、ご報告いたします」

3 言い換え例 支援のお願い

「何ぶん、ふたりの人生はこれからでございます。皆さまに今後ともご助言、ご教示をいただけましたなら、ふたりにとりまして心強いことと存じます」

「ふたりはまだスタート地点に立ったばかりです。人生というレースを完走できるよう、皆さまのご声援をお願い申し上げます」

新郎の父
2

一般的な謝辞（堅苦しすぎない）

●新郎新婦についてのエピソードを交えて

お礼と自己紹介

皆さまには、本日お忙しいなか、青森家・山口家の結婚披露宴にご列席いただきまして、まことにありがとうございます。

私は青森啓太の父、青森博でございます。両家を代表いたししまして、ひと言ごあいさつをさせていただきます。

祝辞へのお礼

先ほどより主賓の川口龍太郎さまはじめ、ご来賓の皆さまにはお心のこもったご祝辞や温かいご教訓、数多くのありがたいお言葉をたまわり、また、余興などでこの席を盛り上げていただきまして、本当にありがとうございます。私ども親にとりましても身にしみるほどありがたく、心よりお礼を申し上げます。

親の思い

まだ子どもと思っていた長男の啓太も、のぞみさんというすばらしい花嫁を迎えることができまして、親としてこれほどうれしいことはありません。こうして実際にふたりの晴れ姿を見ておりますと、感激もひとしおでございます。

謙遜のさじ加減に注意

新婦に対しては、冗談でも批判めいたことは言わないようにします。また、新郎をあまり具体的にけなすのもよくありません。仕事場の上司が列席している場合は、とくに注意します。

1 言い換え例
謙遜しながらも傷つけない

「啓太はスポーツにばかり熱中して育ち、丈夫なことだけが取り柄でございますが」

「理系のせいか、なんでも理屈で考えるところがありますが」

そのほか、「背が高すぎる」「明るすぎる」「元気すぎる」など、長所に「すぎる」をつけるとよい。

エピソードと期待

[1]啓太は長男のせいか、小さなころから責任感が強く、2人の弟のめんどうをよく見る子どもでした。やんちゃな弟たちに比べると、少しまじめすぎるところがあるのですが、明るくほがらかなのぞみさんといるときは、非常にリラックスできるそうです。疲れて帰宅したときなどは、のぞみさんの笑顔が啓太をなごませてくれるでしょう。

本日、人生のよき伴侶を得ましたことで、仕事も、プライベートも、より充実していくものと期待しております。

支援のお願い

とはいえ、まだ世間知らずの部分がございますので、親としては心配の種は尽きませんが、[2]皆さま方のお力添えを頂戴しまして一人前の夫婦になっていってくれればと思っております。

お詫びと結びの言葉

[3]本日はご臨席たまわりまして、まことにありがとうございました。慣れない宴席で行き届かぬ点も多くあったかと存じますが、ご容赦のほどお願い申し上げます。

皆さま方のご健康と、いっそうのご多幸をお祈りして両家代表の言葉とさせていただきます。

本日は、まことにありがとうございました。

[2] 言い換え例 指導のお願い

「これまで以上のご指導、ご鞭《べん》撻《たつ》をたまわりますよう、よろしくお願い申し上げます」

「今後とも変わらぬお付き合いと、ご指導をいただけますようお願いいたします」

[3] 言い換え例 列席への感謝を伝える

「お足元の悪いなか、多数ご列席くださいましてありがとうございました」

「あいにくの雨に加え、行き届かぬ点も多くあったかと存じますが、どうかお許し願います」

「残暑のなか、大勢の皆さまにお越しいただきまして、たいへん恐縮しております」

新郎の父 3

一般的な謝辞（やわらかい）

●ユーモアを交え、ふたりを見守る親の心を伝える

自己紹介とお礼

新郎の父、森田政則でございます。

本日はお忙しいなかを、裕太、明菜両名のためにお集まりいただきまして、ありがとうございました。

また、先ほどよりご来賓の皆さま、およびご列席の皆さまより温かいお言葉をいただきまして、本当にありがとうございます。

こうしてふたりの幸せそうなようすを見ておりますと、縁の不思議と深さを感じさせられます。

親の思いと期待

同じ職場に何年も同僚として働きながら、ふたりが付き合いを始めたのは2年ほど前とのこと。人生は何が起こるかわからないものです。ふたりとも仕事ばかりの毎日で、一体いつになったらうれしい報告をしてくれるものかとやきもきしておりましたが、忙しいなかでも、ふたりは純粋にお互いを思いやってきたようで、ようやくきょうのこの日を迎えることができました。親としてこれほどうれしいことはありません。[1] 裕太も今日から

うれしい気持ちをにこやかに話す

友人の多い宴やレストランウエディングなどでの、楽しいあいさつ例です。だじゃれなどは控え、品よくまとめるといいでしょう。

1 言い換え例 今後のふたりへの期待

「漫才やコントが好きなふたりですので、お互いにツッコミを入れ合って、見ていてほほえましいものがあります。きっと笑い声の絶えない、楽しい家庭を築いていってくれるものと思っています」

は一家のあるじとして皆さまからいただいた温かいお言葉を深く心に刻み、ご期待にそむかぬよう努めてくれることと信じます。

明菜さんは結婚後も仕事を続けるそうですので、仕事も家庭も協力し合って、充実した新生活を営んでほしいと望んでいます。

支援のお願い

このとおり、まだ世間知らずの若いふたりです。この結婚式のことでも、ウエルカムボードやらレセプションやらと横文字を並べて一人前のことを言っておりましたが、これからの長い人生、皆さま方のご支援、ご援助なくしてきびしい社会の荒波を乗り越えていくことはできない未熟者でございます。今後とも、若いふたりに変わらぬご支援、またときにはお叱りやご指導をいただきますよう、よろしくお願いいたします。

お詫びと結びの言葉

本日は充分なおもてなしもできず、恐縮しておりますが、何とぞお許しください。つたないあいさつとなりましたが、皆さまへの感謝の気持ちをおくみとりいただければ幸いです。

ありがとうございました。

2 言い換え例 新婦が仕事を続ける

「結婚後も明菜さんは仕事を続けるそうですが、息子はひとり暮らしのときに料理の腕を上げたと自慢しておりましたので、家事も分担して心地よい家庭をつくっていってください」

3 言い換え例 子どものころのエピソード

「負けず嫌いでいたずらっ子だった息子も、ようやく少しは人さまのお役に立てるようになったかと、感激しておりますが」

「裕太はよくいえばねばり強いタイプですので、ぜひ新婦の明菜さんをはじめ会社の皆さまにも、上手にコントロールしていただければと思います」

新郎の父
4

一般的な謝辞（新郎とのエピソード重視）

●新郎と過ごした日々の思い出を交えて

自己紹介とお礼

新郎の父、明雄でございます。両家を代表いたしまして、ひと言お礼のごあいさつを申し上げます。

本日はお忙しいなかをふたりのためにお集まりいただきまして、本当にありがとうございました。

ただいまはご来賓の皆さまをはじめ、ご列席の皆さまより温かいお言葉をいただきまして、厚くお礼申し上げます。

エピソード

思えば一輝は子どものころからめんどう見がよく、いつも妹を思いやるやさしい子でした。兄妹で小さな手をつないで、近所のパン屋におつかいに行っていたことが、きのうのことのように思いだされます。妹が転んでひざをすりむいた日は、小さな体で、おぶって帰ってきたと妻から聞かされ、当時仕事が忙しく疲れぎみだった私も、「この子たちのためにがんばろう」と思ったのを、今でもよく覚えています。

一輝は友達も多く、きょうも大勢来ていただいていますが、大学に近かっ

親ならではのエピソードを

子ども時代の話だけでなく、ゲストとの思い出も加えると喜ばれます。

アドバイス

新郎の思い出を語る際、あまり欠点を暴露するような話をするのは避けます。また、褒めすぎないようにも注意しましょう。

1 言い換え例
新婦の人柄についての褒め言葉

「ほがらかで活発な女性で、温かいご家庭で育ったことがよくわかります」

「いつも周囲を明るくしてくれる、貴重な存在です」

たこともあり、わが家は毎日サークルの会議室状態。夜遅くまで一輝の部屋からは楽しそうな声が聞こえていました。おかげで私たちは寝不足でしたが、まあ、そのサークルでマネージャーのあゆみさんと知り合い、きょうのよき日を迎えられたわけですから、温かく見守ってくださったサークルの皆さまには、心から感謝申し上げます。

支援のお願い

1 友達が大勢いる一輝に、あゆみさんのような、気配りのできる魅力的な女性を伴侶として迎えることができ、新家庭はさぞやにぎやかなものになるだろうと、妻と話しています。どうか、これまで同様、ふたりをよろしくお願い申し上げます。

期待

両人はこれから先の人生を、手を取り合って歩んでいくわけでございますが、皆さま方のお力を頂戴しまして、一日も早く一人前の夫婦になってくれればと願っています。

結びの言葉

2 最後になりましたが、皆さま方のご健康とご繁栄を心よりお祈り申し上げまして、お礼のごあいさつとさせていただきます。

皆さま、本当にありがとうございました。

「大らかで包容力があるので、これほど後輩から慕われているのでしょう」

「細かなところにも気のつく女性です」

「家庭的で料理も上手です」

「才色兼備で、職場でもたいへん期待されているとお聞きしています」

2 言い換え例
お詫びと結びの言葉

「本日は、せっかくお越しいただきながら、格別のおもてなしもできず、不行き届きの点をお詫び申し上げます」

「本日は万事不行き届きでご不満な点も多くおありかと存じますが、このお祝いの席に免じてお許し願いまして、あいさつを結ばせていただきます」

新郎の父

5

一般的な謝辞（新婦を褒める）

●新婦への印象を盛り込みながら

お礼と自己紹介

本日はあいにくの雨となり、お足元の悪いなか、また遠方よりかくも大勢の皆さまにご臨席いただきまして、まことにありがとうございました。片品・畑山両家を代表いたしまして、私、新郎の父、片品俊夫よりご列席の皆さま方に、ひと言お礼のごあいさつを申し上げます。

1 皆さまにはたくさんのお祝いと励ましの言葉をいただき、深く感謝申し上げます。新郎新婦には、すばらしい門出の日に、両家親族にとりましても思い出深い日となりました。

エピソード

2 初めて息子祐介が美智子さんを家に連れてきたとき、わが家で一緒に食事をしましたが、美智子さんは台所で妻の手伝いをしてくれました。台所に並んで立つ二人の背中を見ているのはなんともほほえましく、妻がうれしそうに料理を教えていたようすや、美智子さんの素直な態度が強く印象に残りました。もちろん料理も、たいへんおいしゅうございました。食事のあとも、自ら進んでお茶をいれてくれるなど、よく気がつくお嬢さん

新婦を褒めて

新婦の人柄などを褒めながら、親としての喜びを伝えます。最近では「嫁にもらう」という言い方は避けるようになっています。また、新婦のことは「さん」づけで呼ぶといいでしょう。

1 言い換え例 ゲストへのお礼

「たくさんのご祝辞や激励のお言葉をいただき、身に余る光栄と感激いたしております」

「皆さまから温かいご祝辞や励ましのお言葉を頂戴いたしまして、ふたりは本当に幸せ者でございます」

「皆さんから心のこもったお祝

だと感心したものです。わが家の生活に自然になじんでくれる美智子さんに、妻と二人、まるで本当の娘のような、昔から知っているような気がするとうなずき合いました。

親の思い

このようなすてきなお嬢さんを妻に迎えることのできた息子は、本当に果報者です。こうして実際にふたりの晴れ姿を見ておりますと、親として感激もひとしおでございます。

期待

ふたりには、これからもお互いを思いやる気持ちを忘れずに、助け合いながら明るい家庭を築いてほしいと願っています。まだ未熟なふたりですので、皆さまのご助言、ご指導をいただきますよう、伏してお願い申し上げます。

お詫びと結びの言葉

皆さま方をお招きさせていただいたにもかかわらず、慣れない宴席で行き届かなかった点も多くあったかと存じますが、お祝いの席に免じて何とぞご容赦ください。

これからも、どうか若いふたりに変わらぬご指導のほど、よろしくお願い申し上げます。

本日は、まことにありがとうございました。

いの言葉をいただき、ふたりにとっても、私たち親族にも、思い出に残る記念の日となりました」

「心温まるお祝いの言葉に、私たちも感激しています」

言い換え例 2 新婦の小さいころを知っている

「ご存じのようにふたりは幼なじみでございまして、私どもも小さいころからよく知っております。よく『美智子ちゃんがお嫁さんに来てくれたらいいんだけど』と話していました。それが本日実現し、こんなにめでたいことはありません」

新郎の父
6

一般的な謝辞（新婦とのエピソード重視）

●新婦とのエピソードに喜びをこめて

お礼と自己紹介

本日はお忙しいなか、大勢の皆さまにご臨席たまわりまして、厚くお礼申し上げます。

新郎哲史の父、義彦でございます。新郎新婦はもちろんのこと、両家親族一同、感激で胸がいっぱいでございます。

ご来賓の皆さま、ご親戚の皆さまにもこのように多数ご列席いただき、そのうえ、数多くのありがたい祝福と励ましのお言葉を頂戴いたしまして、私どもも身に余る光栄と厚くお礼申し上げます。ふたりにとりましても、このうえない支えとなることと存じます。

きょうという日を、新郎新婦とともに、私どもも生涯忘れることなく、心に残る記念日としていつまでも記憶にとどめてまいりたいと思います。

エピソード

ひと言、新婦紀子さんと私どもの思い出を紹介させていただきます。

私たち家族ともある程度親しくなり、紀子さんが何度かわが家に遊びに来てくれていたある日のことです。ちょうど梅の実を収穫する時期でし

ゲストの心を打つエピソードとは

エピソードは、特別なものでなくても大丈夫です。むしろ、日常の何気ないできごとが、ゲストの心を打つ話になります。

1 言い換え例 ゲストへのお礼

「そのうえ、お心のこもったお祝いの言葉や励ましの言葉、また、身に余るお褒めのお言葉など数多くたまわりまして、親といたしましては感謝の念でいっぱいでございます」

た。こちらは歳も歳なので、毎年息子に頼んでおり、その日は老妻と紀子さんと一緒に縁側に腰掛け、3人でお茶など飲みながら息子の作業を眺めていました。高いところにある実を採ろうとして、脚立が少しぐらついたのですが、そのとき紀子さんがすばやく立ち上がって、駆け寄り、脚立を押さえながら「気をつけて」とやさしく声をかけたのです。その真剣な表情もほほえましく、「ああ、これからこのふたりはいい夫婦になるだろうなぁ」としみじみ思ったものでした。

こんなすばらしいお嬢さまを迎えることができ、息子ともども、たいへんうれしく思っております。

期待

3 これから先は、ふたりで手を取り合って歩んでいくわけでございますが、皆さま方のお力を頂戴しまして、一日も早く一人前の夫婦になってくれればと思っております。

結びの言葉

本日は何かと至らぬことばかりでございましたけれども、このように盛大な結婚披露宴ができたこと、心より感謝申し上げます。

皆さま方のご健康といっそうのご多幸をお祈りいたしまして、両家代表の言葉とさせていただきます。

本日は、まことにありがとうございました。

2 言い換え例 心の交流が感じられる ほほえましいエピソード

「紀子さんは、一緒に食事をした際、私たちの好物をそれとなく聞き、旅先から送ってくれるような女性です。相手を好きになるには、まず知ることと申します。そんなふうに私たちにも歩み寄ってくれる紀子さんを伴侶に迎えられる息子は、世界一の幸せ者です」

3 言い換え例 支援のお願い

「若いふたりは皆さまのご支援を胸に、助け合っていくものと思いますが、一人前に成長するまでには、これから長い年月が必要でしょう。今後とも温かい目で見守っていただきたく、お願い申し上げます」

新郎の父
7

息子夫婦と同居する場合

●新しい家族との新生活を喜んで

自己紹介とお礼

新郎河田淳の父、隆でございます。

河田・田中両家を代表いたしまして、ご列席の皆さま方にひと言お礼のごあいさつを申し上げます。

本日はお忙しいなか、お集りいただきまして、ありがとうございました。

また先ほどは、皆さま方より、数多くのお褒めのお言葉や激励のご祝辞を頂戴いたしまして、まことに光栄に存じます。

同居するにあたって

ご存じの方も多いかとは思いますが、若い夫婦は私どもとの同居を快諾してくれました。私も家内も、明るくて、気持ちのやさしい結子さんと一緒に住みたいと願っておりましたので、本当にありがたく思っております。

1 息子しかいない私たち夫婦に本当の娘ができたようで、今からたいへん楽しみです。

淳と10歳離れた弟の遼は、おとなしく人見知りなのですが、結子さんが来るといつもよりよく話し、こんな一面もあったのかと驚くほどです。

新しい家族を温かく迎え ゲストに安心感を

同居が決まっている場合は、その報告を織り交ぜてもいいでしょう。新婦の家族の思いに配慮し、感謝と温かく迎える気持ちとを表現します。

1 言い換え例 新しい家族が増えた喜び

「にぎやかすぎる私ども家族のもとへ、結子さんが一羽の鶴のように舞い降りてくれました」

「私たち夫婦だけでなく、弟や妹たちもたいへん喜び、実の姉のように慕っております」

「家内と結子さんは、おしゃべりしたり買い物に出かけたりと、

これも、だれとでもうちとけられる結子さんのすぐれた社交性のなせるわざと存じます。せっかく快諾してくれた同居ですので、お互いに楽しく暮らしていけるよう、知恵を出し合っていきたいとも思っています。

2 同居と申しましても、玄関も2つある、いわゆる二世帯住宅となりますので、皆さまにはこれまで同様、お気兼ねなく遊びにいらしていただきたく存じます。私どももにぎやかなのは大歓迎ですので、よろしかったら1階にもお立ち寄りください。

支援のお願い

3 そして、まだ至らぬところの多いふたりですので、今後ともいっそうご指導いただきますよう、心からお願い申し上げます。

結びの言葉

本日は、何かと至らぬことばかりでございましたけれども、このように盛大に披露宴ができましたこと、心より感謝申し上げます。

ご列席たまわりました皆さま方の、さらなるご発展とご健康をお祈りしまして、お礼の言葉とさせていただきます。

本日は、まことにありがとうございました。

実の親子のように仲よくしていて、ほほえましい限りです」

2 言い換え例 来訪をすすめる

「わが家の近くには見事な桜並木もありますので、花と結子さんの笑顔を見に、ぜひおいでください」

3 言い換え例 支援のお願い

「まだ若輩者のふたりでございます。今後一人前になれますよう、いっそうのご指導をお願い申し上げます」

「本日いただきました皆さま方のご祝辞や励ましのお言葉は、これから山あり谷ありの人生を歩むふたりの糧《かて》となることでしょう」

新郎の父
8

息子夫婦が家業を継ぐ場合

●聡明な女性を迎えて、家業も栄える

「家業が安泰」でゲストも安心

息子と結婚して、家業の発展に尽くそうと決断してくれた新婦に、新郎の親としてこの場を借りて、感謝の気持ちを伝えます。ゲストにも、温かな思いが伝わるあいさつです。

自己紹介とお礼

ただいまご紹介にあずかりました、新郎の父、秋野壮一でございます。僭越《せんえつ》ながら、両家を代表いたしましてひと言お礼のごあいさつを申し上げます。

本日は、(1)連休の初日というご多用なか、息子貴一と聡美さんのためにお集りいただきまして、本当にありがとうございます。

本日、大槻義正さまご夫妻にご媒酌の労をお執りいただきまして、ふたりが神前にて婚姻の誓いを済ませ、つつがなく夫婦になりましたことを、ここにご報告させていただきます。

滞りなく婚儀を行うことができましたのも、ひとえに皆さまの温かいご支援のおかげと、心よりお礼を申し上げます。

親の思い

長男の貴一に、聡美さんというすてきな花嫁を迎えることができまして、親としてこれほどうれしいことはありません。

先ほどご紹介いただきましたが、私どもは神田で三代続く和菓子屋を

1 言い換え例
休日の列席に対するお礼

「大型連休のさなかにもかかわらず」
「貴重な休日にもかかわらず」
「絶好の行楽日和にもかかわらず」

営んでおります。このたびは、息子が職人として店を継いでくれることになり、たいへん喜んでおりましたところへ、聡美さんというすばらしいお嬢さんにも加わっていただき、家業もいっそう栄えていくであろうと、まことに心強く思っております。

自営業という聡美さんにとっては初めての環境に、不安などもあるかと思いますが、店の手伝いもぜひしたいと言ってくれていまして、ありがたい限りです。名前のとおり、聡明なお嬢さんですから、これまでの伝統に新しい風を吹き込んでくれるものと、おおいに期待もしております。

支援のお願い

商売も、家庭もつねに順風満帆とはいきません。きびしい風が吹くこともありましょう。そんなときこそ、皆さまのご支援が必要です。若いふたりでございます。これからも皆さまのご指導をあおぐ機会が多いかと存じますが、どうか末永くお引き立てのほどをよろしくお願い申し上げます。

お詫びと結びの言葉

本日は、粗酒、粗宴で行き届かぬ点もあったかと存じますが、何とぞお許し願います。

最後に皆さまのご高配に今一度感謝して、私のごあいさつとさせていただきます。本日は、まことにありがとうございました。

2 言い換え例 新婦が家業を手伝う場合

「今後は、私どもの店の若女将《おかみ》としての働きも期待しております」

「女性らしい感性を、商品づくりに活かしていただけるのではないかと期待しております」

3 言い換え例 家業の支援をお願いする

「これをご縁に、ご列席の皆さま方には、どうか○○屋をごひいきにしていただきたく、よろしくお願い申し上げます」

新婦が妊娠している場合

●孫の誕生を心待ちにしていると伝える

自己紹介とお礼

ご紹介にあずかりました、新郎和弥の父、久志でございます。

渡辺・富田両家を代表いたしまして、ご列席の皆さま方に、ひと言ごあいさつをさせていただきます。

本日はお忙しいところ、和弥と舞さんの結婚披露宴においでいただき、心より感謝申し上げます。遠方よりお越しの方もいらっしゃると聞いております。ふたりのために、すばらしい余興や歌で披露宴を盛り上げていただき、本当にありがとうございました。

妊娠の報告

先ほど、主賓の前田久則さまやご友人の皆さまからいたわりのお言葉をいただきましたとおり、新婦の舞さんのお腹には、新しい命が宿っております。（1）この秋には孫の顔が見られると思うと、うれしい限りです。私どもにも、舞さんのご家族にとりましても、初めての孫です。両家で、孫の誕生を心待ちにしております。

子どもができたと知ってからは、父親としての自覚からか、和弥は仕事

妊娠している場合

新しい命を喜び、孫の誕生への期待をこめたあいさつにするといいでしょう。ただし、妊娠にふれられたくないという新婦もいるので、本人に確認しましょう。

1 言い換え例
妊娠の報告

「先ほど、お友達のご祝辞でもふれられ、皆さまご存じのことと思いますが、舞さんのお腹では新しい命が育まれております」

「皆さまご存じのように、すでに舞さんのお腹には愛の結晶が宿っております」

にもいっそう励むようになり、舞さんも母親になる喜びがあふれているようで、きっといい家庭を築いていけるだろうと確信することができました。本当によかった、とあらためて実感しています。

支援のお願い

2 とはいえ、親となるには若いふたりです。子育てに正解はなく、その大変さは経験した者にしかわかりません。未熟な和弥が父親になれるのか、舞さんにもご苦労をおかけすることがあるかもしれない、と思うと親としては心配でなりません。

3 どうか皆さまにはこれまで以上のご指導、ご支援をいただけますよう、心から願っているしだいでございます。

結びの言葉

本日は多くの皆さまにご臨席をたまわりまして、まことにありがとうございました。皆さま方のご健康と、いっそうのご多幸をお祈りいたしまして、両家代表の言葉とさせていただきます。

本日は、まことにありがとうございました。

2 言い換え例
子どもが生まれるふたりへ

「甘い新婚生活の余韻にひたる間もなく、新しい命が誕生することになりますが、めでたさが倍になったと、前向きに育児に励んでもらえればと思っています」

「両人とも、親となる自覚をしっかりもって、さまざまな困難に立ち向かってほしいと願うばかりです」

3 言い換え例
子育てについての助言と支援のお願い

「とりわけ子育て経験者の皆さまには、的確なアドバイスやご支援のほどを、よろしくお願い申し上げます」

新婦の親族が大人数の場合

●親族も含め、家族が増える喜びをあらわして

自己紹介とお礼

新郎の父親の山崎忠でございます。

本日ご列席いただきました皆さまに、ひと言お礼のごあいさつを申し上げます。

1 皆さま、本日はお忙しいところ、また遠方よりお越しの大勢の皆さま、ふたりの結婚披露宴にご出席くださいまして、まことにありがとうございます。

2 また先ほどから、皆さま方より数多くのお祝いの言葉や激励のご祝辞をいただき、ありがとうございます。

エピソード

さてご存じのとおり、わが家は夫婦と悟との3人家族で、これまでつつましく過ごしてまいりました。兄弟がいない悟にはさびしい思いをさせてしまいました。小さいころには、よくお兄ちゃんがほしいと無茶なことを言われたものです。

一方新婦のひとみさんは、4人きょうだいの3番目で、元気いっぱい伸

アットホームな雰囲気のあいさつ

少しくだけた印象の言いまわしです。ゲストの顔ぶれによって、またハウスウエディングなどのカジュアルなパーティーでは、こうしたあいさつもいいでしょう。

1 言い換え例
やわらかい言い方で自己紹介と列席へのお礼

「皆さん、こんにちは。新郎の父山崎忠です。きょうは若いふたりのために大勢の皆さんに集まっていただき、心温まるお祝いの言葉に心から感激しています」

びやかにお育ちになりました。ご親戚も多く、私たち家族にとっては、なんともうらやましいほどにぎやかなご家庭です。

このたびの婚儀で、川田家の皆さんとお付き合いをさせていただけることになり、家族が一気に何倍にも増えたようで、とてもうれしく思っております。

親族紹介で初めてお会いした方も多いのですが、皆さん楽しい方たちばかりで、これからの両家のお付き合いを楽しみにしているとおっしゃってくださいました。ぜひ、楽しく末永いお付き合いをお願いいたします。

悟も、これまでも何度か皆さんとお食事やお酒の席をともにし、新しいきょうだいができたとたいへん喜んでおります。これからのお付き合いのなかで、親子とも、さらに親しくさせていただければ、と期待しています。

支援のお願い

ご列席の皆さま、どうかこの若いふたりを温かく見守り、励ましてやってください。お願い申し上げます。

結びの言葉

最後に皆さま方のご健康と、いっそうのご多幸をお祈りいたしまして、両家代表の言葉とさせていただきます。

本日は、ありがとうございました。

言い換え例2 やわらかい言い方で感謝を伝える

「皆さん、非常に楽しい時間と、心温まるスピーチをどうもありがとうございました。ふたりは、本当にいい先輩や仲間に恵まれていると実感しました」

「本日はふたりのために、こんなにすてきなパーティーを開いていただき、私たちも感激しています。司会や受付、幹事など、会を盛り上げてくださった皆さん、本当にありがとうございました」

新郎の父
11

新郎の母が亡くなっている場合

●新郎の母の思い出にふれながら

故人の思い出にふれる場合

生前のエピソードを紹介しながら、晴れの日を迎えた喜びを伝えます。苦労話などはさらりと紹介するだけにし、あまり涙を誘うものは避けましょう。

お礼と自己紹介

皆さまには、本日お忙しいなか、吉川家・赤坂家の結婚披露宴にご列席いただきまして、まことにありがとうございます。

ただいまご紹介にあずかりました、新郎の父・吉川満でございます。

このたびは、柴田進さまご夫妻にご媒酌の労をお執りいただきまして、ふたりが神前にて婚姻の誓いを済ませ、つつがなく夫婦になりましたことをここにご報告させていただきます。

滞りなく婚儀を行うことができましたのも、ひとえに皆さまの温かいご支援のおかげと、心よりお礼を申し上げます。

先ほどより皆さまからお心のこもったご祝辞や激励、数多くのありがたいお言葉をいただき、たいへん感激しております。まことにありがとうございます。

亡き新郎母への思い

皆さまご存じのとおり、(1)貴大の母親は貴大が10歳のときに他界しました。きょうの晴れの日をともに見られないことは、残念でなりません。(2)あまり

(1) 言い換え例 母親が亡くなっている

「貴大の母親が故人となってから、早いもので10年の歳月が過ぎようとしております」

「貴大の母親が他界したのは、小学5年生のときでした」

「貴大の母親が他界してから、今年で10年になります」

体が丈夫でなかった妻は、自分のぶんも貴大が元気に育つようにとスポーツをさせたり食事に気を遣ったりしておりました。おかげで貴大は健康に育ち、彩子さんというよき伴侶を迎えることができました。妻も天国できっと喜んでいることでしょう。どうか妻のぶんも、幸せになってほしいと思います。

支援のお願い

ふたりともまだまだ世間知らずの部分がございますので、親として心配の種は尽きません。皆さまのお力添え、ご支援を必要としています。どうぞ末永く、ふたりをよろしくお願い申し上げます。

お詫びと結びの言葉

本日はご臨席たまわりまして、まことにありがとうございました。慣れない宴席で行き届かぬ点も多くあったかと存じますが、ご容赦のほどお願い申し上げます。

皆さま方のご健康と、いっそうのご多幸をお祈りして、両家代表の言葉とさせていただきます。

本日は、まことにありがとうございました。

言い換え例 2
亡き妻のエピソード

「生前妻が、『貴大には、元気で明るいお嫁さんが来るといいのだけど』と言っていたことを思いだしました。きっと天国で喜んでいることと思います」

「存命中の妻は、できるだけ手づくりのものを食べさせたいと、家族の食事にはたいへん気を遣っておりました。料理上手な彩子さんを貴大のパートナーとして迎えることができ、妻もきっと喜んでいることでしょう」

新郎の父
12

新婦の父が亡くなっている場合

●他界した新婦の父に代わって

自己紹介とお礼

新郎の父親の下田芳郎でございます。

本日はお忙しいなか、ふたりのためにお集まりいただきまして、本当にありがとうございました。

先ほどから、お心のこもったお祝いや励ましの言葉を数多くたまわりまして、親としましては感謝の念でいっぱいでございます。また、ふたりにとりましても、このうえない支えとなることと存じます。

亡き新婦父への思い

先ほどのお話にもありましたが、[1]桃子さんのお父さまは10年ほど前に他界なさっています。これまでのお母さまのご苦労はいかばかりかと、心よりお察しいたします。しかし、お母さまの深い愛情に支えられ、桃子さんはとてもすてきなお嬢さんに成長しました。さぞやきょうの晴れ姿を、お父さまも天国から誇らしげに見つめていることでしょう。

つらいできごとを乗り越えて、立派な社会人として活躍している桃子さんは、健一にはすぎた伴侶でありましょうが、桃子さんを幸せにするため

新婦の親が故人の場合

感傷的すぎるあいさつは、宴の締めにはふさわしくありません。これからのふたりに期待しているなど、明るい調子で結びましょう。

アドバイス

晴れの席では、「死ぬ」「亡くなる」などの表現は避け、「空の上から見守っている」「故人となる」といった婉曲《えんきょく》表現を使います。

1 言い換え例
新婦父が亡くなっている

「ご存じの方も多いと思いますが、桃子さんのお父さまが鬼籍に入《い》って10年がたちます。

ならば健一はどんな努力もいとわないでしょう。これからは健一が、桃子さんをしっかりと支えていくことと思います。私どもも、桃子さんの新しい父として、母として、温かく見守り、力になるつもりです。

支援のお願い

ふたりには、皆さまのよきご指導、ご支援をたまわりまして、明るく楽しい家庭を築いてくれるよう、心より願っておりますが、なんと申しましてもふたりの新しい人生はスタートしたばかりです。どうぞ皆さまには、今後とも変わらぬご支援をお願いいたします。

お詫びと結びの言葉

皆さま方をお招きさせていただいたにもかかわらず、慣れない宴席で行き届かなかった点も多くあったかと存じますが、何とぞご容赦くださいますようお願い申し上げます。

皆さまのご健康とご繁栄をお祈りして、簡単ではありますが、お礼のごあいさつとさせていただきます。

本日は、本当にありがとうございました。

当時桃子さんはまだ高校生で、さびしい思いをしたことでしょう。それでも、ごきょうだいで力を合わせて家事を分担するなど、お母さまをサポートしたとのこと、そのころからしっかりしたお嬢さんであったんだろうと拝察いたします。そんな桃子さんの美しい花嫁姿を、お父さまもきっとどこからかご覧になって喜んでおられるのではないでしょうか」

「皆さまの温かなお祝いの言葉に包まれ、幸せそうなふたりを見ておりますと、桃子さんのお父さまがご存命ならばと思われてなりません。とても子ども好きな方だったと伺っておりますので、桃子さんのお母さまのお気持ちはいかばかりかとご推察いたします」

新郎の父
13

新郎が晩婚の場合

● 新婦側への気遣いの言葉を添えて

晩婚になった理由を簡単に説明する
晩婚になった理由は、言い訳がましくならないよう、さらりと説明する程度にします。

自己紹介とお礼

新郎の父、鈴木昌文でございます。

本日はお忙しいなかを、靖・麻沙美夫婦のために、このように多くの方にお集まりいただき、まことにありがとうございました。

本日の宴を迎えるにあたり、多くの労をお執りくださいました佐藤良さまご夫妻はじめ、皆さまには心よりお礼を申し上げます。

先ほどから、多くの方よりお祝いや励ましのお言葉、身に余るお褒めのお言葉などをいただきまして、感謝の念でいっぱいでございます。また、ふたりにとりましても、このうえない支えとなることと存じます。

晩婚の理由

息子の靖は今年で40歳となりました。今日《こんにち》まで独身でいたのは、何も主義を貫いていたわけではなく、よい方と出会う機会に恵まれなかったからと、親としては思っています。ただ、社会人になってからは親のひいき目ではありますが、とにかく仕事に打ち込んでおり、とくに数年前から大事なプロジェクトを任されたらしく、連日連夜、遅くまで仕事に熱中して

1 言い換え例
お見合い結婚だった場合

「昨年の春に、縁談をいただきました。仕事ばかりしているような息子で、私どもも心配しておりましたので、さっそくお引き合わせ願ったところ、このようなよき日を迎えられ、親としては胸をなでおろしております」

おりました。
そのせいもあり、この歳になるまで長い間、結婚に縁がなく、妻はたいそう心配しておりました。私は、男なら仕事に打ち込むのは結構なことだと気にするふうもなく言ってきたのですが、やはり内心では案じていたことを白状します。

親の思い

しかしおかげさまで、麻沙美さんとのまたとない良縁を得ることができました。私ども夫婦も、ほっとしているところです。

晩婚ではありますが、そのぶん息子は人として内に蓄えているものもあると思いますので、きっと円満で幸せな家庭が築けるのではないかと、信じております。

支援のお願い

そうは申しましても、新しくふたりで歩いていくこれからの人生においては、大きな波を幾度となくかぶることもあるかと存じます。今後とも、皆さま方の温かいお導きを願うしだいです。

結びの言葉

本日は至らぬ点も多くあったと思いますが、このようにたくさんの方にお集まりいただき、盛大な結婚披露宴となりましたことを心から感謝いたします。
本日は、まことにありがとうございました。

新婦がかなり若い場合は

「ひとまわり以上も若い麻沙美さんですが、非常にしっかりしたお嬢さんとお見受けしました。靖を支え、笑顔の絶えない家庭をつくれる方、と私どもも喜んでおります」
「麻沙美さんのご両親・ご親族にとっては、不安もおありでしょうが、たいへん仲のいいふたりでございます。お互いに欠点を補いながら、手をたずさえていい家庭を築こうとしています」

2 言い換え例 ユーモアを入れて

「家庭を大事にしない人間に、いい仕事は決してできません。麻沙美さん、息子が至らない場合は、いつでも私たち夫婦に言いつけに来てくださいね」

新郎の父
14

新郎が子連れで再婚する場合

●これからの人生を応援するように

新郎に子どもがいる場合
相手側の親の、不安やとまどいを解消し、安心させるひと言を添えるといいでしょう。また、そのような困難を乗り越えて一緒になろうというふたりの決意を尊重し、応援する内容にします。

自己紹介とお礼

新郎の父の丸岡久信でございます。両家を代表いたしまして、ひと言、お礼のごあいさつを申し上げます。

本日は、皆さま、お忙しいなか、ふたりの結婚披露宴にお越しいただき、まことにありがとうございます。

このように多数の方にご列席いただき、そのうえ、温かい祝福と励ましのお言葉を頂戴いたしましたこと、たいへんありがたく、心よりお礼申し上げます。

エピソードと新婦へのお礼

さて、皆さまご存じのように、1息子の勇の先妻は、幼い彩奈を残して故人となりました。以来、勇は男手ひとつで彩奈を育て上げようと決意し、私たちもできる限り協力してまいりました。しかし、母親のいない親子ふたりだけの家庭はやはり何かと苦労も多く、不憫《ふびん》に思っていたところ、可南子さんがあらわれてくれたのです。そのやさしいお人柄に、いつのまにか彩奈も父親以上に可南子さんを慕うようになっていました。このままふた

1 言い換え例 孫について
「息子は幼い娘を、ひとりで育ててまいりました」
「私たち夫婦と息子と孫の4人で暮らしてまいりました」

り一緒になってくれないものかと、老夫婦二人で密かに願っていましたが、きょうというよき日を迎えることができ、本当に感慨に堪えません。

可南子さん、本当にありがとう！

お詫びと結びの言葉

支援のお願い

2 以前、可南子さんに「息子と一緒になってくれるのか、彩奈の母親になってもらえるのだろうか」と、失礼ながらお尋ねしたことがあります。すると可南子さんは、「彩奈ちゃんの本当のお母さんにはなれないけど、お姉さんになれると思います」と真剣な表情で答えてくれまして、心から安堵《あんど》したものです。

こうして実際に、ふたりの晴れ姿と彩奈のうれしそうな笑顔を見ておりますと、感激もひとしおです。

これからは、皆さまからのご指導、ご鞭撻《べんたつ》をたまわりながら、3人仲よく、温かい家庭を築いてくれることを、親として願うばかりです。

本日はお忙しいなかお越しいただきましたところ、慣れない宴席で行き届かぬ点も多くあったかと存じますが、ご容赦のほどお願い申し上げます。

今後とも、息子勇と可南子さん、そして彩奈の行く末を温かく見守ってくださいますよう、皆さまに心よりお願い申し上げます。

本日は、本当にありがとうございました。

2 言い換え例

新婦とその両親への感謝を添える

「息子にとっては2回目の結婚となりますうえに、子どももおります。それを承知で結婚を決意してくれた可南子さん、ご両親さまには本当に感謝しております」

新婦に子どもがいる場合

「可南子さんとお嬢さんの実香ちゃんを初めて紹介されたときは、家内ともども驚きましたが、本当の親子のように仲のいい3人を見るうち、きっといい家族になるだろうと、うれしく思えるようになりました」

新郎の父 15

短い謝辞（シンプルでスタンダード）

●お礼の言葉を中心に、簡潔に

お礼とお願いとを簡潔にまとめた短いあいさつ

基本的な構成要素を盛り込んだ、わかりやすく好感をもたれるあいさつです。アレンジも簡単です。

自己紹介とゲスト、祝辞、媒酌人へのお礼

新郎の父、石岡寿也でございます。

本日はご多忙中にもかかわらず、石岡家・戸田家の結婚披露宴にご臨席たまわりまして、ありがとうございます。両家を代表いたしまして、ひと言、ごあいさつを申し上げます。

皆さまより、多くのお祝いや身に余るお褒めのお言葉、励ましのお言葉をいただき、私どもにとりましてもまことに光栄に存じます。

また、とりわけご媒酌人の藤田要さまご夫妻には、たいへんお世話になりました。心より感謝いたしております。

支援のお願いと結びの言葉

まだ至らぬところの多い両人でございます。どうぞこれまで以上のご助言、ご支援をたまわりますよう、よろしくお願い申し上げます。(1)

ご列席の皆さま方のいっそうのご発展とご健康をお祈り申し上げまして、簡単ではございますが、ごあいさつとさせていただきます。

本日は、まことにありがとうございました。

1 言い換え例 支援のお願い

「どうぞ皆さまには温かなご支援とアドバイスをいただき、末永くふたりを見守ってくださいますよう、お願い申し上げます」

新郎の父
16

短い謝辞（両家の親があいさつする場合）

●新婦の父とリレー形式であいさつする

自己紹介とお礼

本日は、眞と亜由美さんのために、お越しいただきありがとうございました！　眞の父の洋太郎です。

ハウスウエディングという、これまで経験したことのないタイプの結婚披露宴で正直驚きましたが、たいへん楽しく、幸せな時間を過ごすことができました。アットホームな雰囲気のなか、集まっていただいた皆さんからたくさんのお祝いの言葉をいただき、私たちもとても感激しております。

また、このような形式なので、新婦の親族の皆さんと心の距離が近くなったようで、これからの家族ぐるみのお付き合いがとても楽しみです。

期待

それにしても、ふたりとも多くの先輩や友達に恵まれているのだと、本日実感しました。きょうの皆さんの言葉を忘れずに、仲よく暮らしていってほしいと思います。

1 では、亜由美さんのお父上にも、ひと言ごあいさついただきます。

両家のリレー形式であいさつする場合

新婦やその父親と、どんな内容にするのか、事前に確認しておきましょう。話す内容を分担してエピソードを前後半で分ける、お互いに嫁と婿を褒め合うといった工夫もできます。同じ話題ばかりになったり、どちらかの時間が長くなりすぎたりしないように気をつけましょう。

1 言い換え例　新婦の父親につなぐ

「眞のために、すばらしい娘さんを育ててくださった亜由美さんのお父さんからも、ひと言お願いします」

新郎の父
17

短い謝辞（仕事関係者へのお礼重視）

●仕事ぶりにひと言ふれながら

自己紹介とお礼

ご多用のなか、篠塚家・大崎家の結婚披露宴にご出席いただき、まことにありがとうございました。両家を代表いたしまして、新郎の父、篠塚幸一がお礼のごあいさつを申し上げます。

事業部長の安藤俊二さま、課長の岩橋さま、ご同僚、ご友人さまからの温かなご祝辞ならびに激励のお言葉をいただき、私どもも身に余る光栄と存じております。心よりお礼申し上げます。

親の思い

息子の学が株式会社プレミア企画に入社して8年、毎日仕事に励むようすを見ておりましたが、皆さまのお言葉で少しはお役に立てているとわかり、安心いたしました。加えて、由紀さんというすばらしい女性を伴侶とすることができ、感無量の思いです。

支援のお願いと結びの言葉

今後も皆さまのご支援とご指導をたまわりますよう、お願い申し上げるとともに、皆さまのご健康とご多幸をお祈りいたしまして、あいさつとさせていただきます。まことにありがとうございました。

職場結婚など仕事関係者の列席が多い場合

新郎新婦が日頃からお世話になっている上司や同僚が多い場合は、感謝の気持ちを中心に伝えます。主賓や媒酌人の名前を挙げるときはフルネームで。名前や肩書などを間違えないように、きちんと確認しましょう。

1 言い換え例 仕事にふれて

「多くの先輩方や同僚の皆さまに助けられ、なんとかがんばっている息子のようすを知ることができました」

新郎の父
18

短い謝辞（新郎の母が不在）

●病気で列席できない報告を交えながら

自己紹介とお礼

　智也の父、祐でございます。本日はお足元の悪いなか、大勢の皆さまのご列席をたまわり、ありがとうございました。

　皆さまのおかげをもちまして、智也とかすみさんは無事に夫婦となることができました。心より感謝申し上げます。

事情の説明とお詫び

　本来であれば、ここに妻も同席しているわけですが、現在入院中で出席することがかないませんでした。

　ふたりの晴れ姿をとても楽しみにしており、「心からおめでとう。末永く幸せにね」との言葉を私に託しました。そして、「披露宴のＤＶＤを見ながら快気祝いをしましょう」と、きのうも申しておりました。順調に回復しておりますことを、ここにご報告いたします。

　妻の入院に際して、かすみさんが病院への車の手配や買い物など、挙式前の多忙なときに何かと手伝ってくれました。本当にありがとう。

お詫びと結びの言葉

　結びに、妻が欠席しましたうえ、何かと行き届きませんでしたことを皆さまにお詫び申し上げて、私のつたないあいさつとさせていただきます。

新郎母が入院中の場合

病名や、病状などを説明する必要はありませんが、症状が軽く経過がよい場合は、報告してもいいでしょう。

1 言い換え例　列席できない理由

「本人はどうしても出席したかったのですが、ドクターストップがかかってしまいました」

「残念ながら病室で過ごすことになってしまいました」

新婦の父 1

一般的な謝辞（格調高い）

●感謝や支援のお願いとともに、親の思いも伝える

自己紹介

新婦真知子の父、大山一夫でございます。僭越《せんえつ》ではありますが、金沢・大山両家を代表いたしまして、ひと言お礼のごあいさつをさせていただきたいと存じます。

ゲストへのお礼とお詫び

本日はご多用のなか、金沢・大山両家の結婚披露宴にご臨席をたまわりまして、まことにありがとうございました。大勢の皆さま方にお運びいただきまして、新郎新婦はもちろん、両家の家族・親族一同、感謝の念でいっぱいでございます。何かと行き届かぬこともありましたことと存じますが、何とぞお許しいただきたく、お願い申し上げます。

媒酌人へのお礼

おかげさまで本日、隆治・真知子の両名は当式場の神前におきまして厳粛に挙式を執り行い、晴れて夫婦となりました。これもひとえに、これまでふたりを温かく見守ってくださいました、皆さま方のご支援のたまものと、心より感謝しております。

ご媒酌の労をお執りいただきました山中寛治さまご夫妻には、たいへん

感謝の気持ちをていねいに述べる格調高いあいさつ

ゲストと媒酌人へのお礼の言葉を中心に、親としての思いや新郎新婦への支援のお願いなどの重要な要素で構成された、基本的なあいさつです。

アドバイス

ゲストが周知の場合、新婦の父親が両家を代表してあいさつをするという事情説明は、不要でしょう。

お世話になりました。この場をお借りいたしまして、厚く御礼《おんれい》申し上げます。

祝辞へのお礼と親の思い

また、先ほどは皆さま方から、心のこもったご祝辞や激励のお言葉を数多く頂戴いたしまして、ありがとうございました。ふたりがこれまで、皆さま方にどれほど支えられ、助けられ、励まされてきたかということが、温かいお言葉から伝わってまいりまして、親としてこのうえない感激の念に満たされております。

1 ふたりは今日《こんにち》から、夫婦として新たな一歩を踏みだすわけでございますが、人生は山あり谷ありと申します。決して平坦な道ばかりではないと存じますが、ぜひ互いに協力し合い、支え合って、幸せな家庭を築いていってほしいと願うばかりでございます。

支援のお願い

まだ未熟者のふたりでございます。何かと至らないところがあると存じます。今後とも、皆さま方にはふたりを温かく見守っていただきたく、併せまして、さらなるご指導、ご鞭撻《べんたつ》をたまわりますよう、よろしくお願い申し上げます。

結びの言葉

最後になりましたが、皆さま方の末永いご健康とご多幸を祈念いたしまして、ごあいさつの結びとさせていただきます。

本日は、まことにありがとうございました。

1 言い換え例

新郎を褒めて

「また、隆治さんという好青年に出会えましたことは、真知子だけでなく私ども一家にとりましても、たいへん幸運なことと存じます。今後は、両家仲よくお付き合いできれば、と願っております」

郷土色を交えて

「私ども夫婦の郷里・青森は、雪の下でじっと耐えておいしくなるにんにくの名産地でございます。ふたりにもこれからきびしい波が来たときにはじっと耐えて、よい夫婦になってほしいと願っております」

新婦の父
2

一般的な謝辞（堅苦しすぎない）

●感謝の気持ちに親の思いを添えて

やさしい言葉で感謝の気持ちをあらわした一般的なあいさつ

ゲストと司会者へのお礼の言葉と併せて、新婦の親の思いをさりげなく伝えるあいさつです。

自己紹介

私は新婦の父、木下雄一郎と申します。両家を代表いたしまして、ひと言お礼のごあいさつを申し上げます。

ゲストへのお礼

本日はお忙しいなか、新郎新婦のために多数の皆さまにお集まりいただきまして、本当にありがとうございました。

おかげさまで本日、善弘・貴子は当ホテルのチャペルにて、つつがなく結婚式を挙げ、晴れて夫婦となりました。ふたりがこの日を迎えますまで、温かいご支援をくださいました皆さまに、家族一同、心より感謝いたしております。

関係者へのお礼

本日司会という大役をお引き受けいただきました山岡さまには、この場をお借りいたしまして、厚くお礼申し上げます。

祝辞へのお礼

また、この披露宴では、皆さまから心のこもったご祝辞や励ましのお言葉をいただきました。これから夫婦として新しい人生をスタートさせるふたりには、これ以上ない、はなむけの言葉として、深く心に記されたもの

1 言い換え例 新郎を褒める

「中学から大学まで、進学校でありながらサッカーに打ち込んだスポーツマンで、まさに文武両道の手本となるような青年です」

と存じます。私どもも、親として感激の思いでいっぱいでございます。

新婦の父としての思い

1 新郎の善弘さんは明るく快活な性格で、だれからも好かれる前途有望な青年です。貴子をやさしく力強くリードして、すてきな家庭を築いてくれることでしょう。新婦の親といたしまして、頼りになる新郎のもとへ、安心して娘を送りだすことができたと非常に喜んでおります。

とはいっても、ふたりのこれからの人生にいつも追い風が吹くとは限りません。どのような状況のもとでも、仲よく手を取り合い、前向きに歩み続けてこそ、あるべき夫婦の姿でございます。ぜひお互いに力を合わせてがんばって、末永く幸せに歩んでいってほしいと願っております。

支援のお願い

いまだ若輩のふたりでございます。至らないところも多くあるかと思います。皆さまには、今後ともふたりを温かく見守っていただき、いっそうのご指導、ご支援をいただきますよう、どうぞよろしくお願い申し上げます。

結びの言葉

最後に、皆さまのご健康とご多幸をお祈りいたしまして、結びとさせていただきます。

本日は、まことにありがとうございました。

「ボランティア活動も行っている心のやさしい青年で、だれからも好かれています」

新郎に娘を託す

「娘の貴子は今日《こんにち》こうして、善弘さんという最良の伴侶を得ることができました。明朗快活な善弘さんは、将来を嘱望される好青年です。貴子をしっかり守って、温かい家庭を築いてくれることでしょう」

「新郎の善弘さんの隣にいる貴子を見ていると、なんとも穏やかなよい表情をしていて、本当にすばらしい方に恵まれたと安堵《あんど》しています」

新婦の父 3

新郎の父が亡くなっている場合

●今は亡き新郎の父親への報告をかねて

お礼と自己紹介

本日はご多忙のなか、武藤・杉田両家の結婚披露宴にご列席いただきましたこと、心からお礼申し上げます。

ただいまご紹介にあずかりました、新婦の父、杉田賢三でございます。

1 さしでがましくて恐縮ではありますが、両家を代表いたしまして、ごあいさつさせていただきます。

おかげさまで本日、信孝・美紀は当式場の神前にて三三九度の杯《さかずき》を交わし、夫婦の契りを結びました。つつがなくふたりがこの日を迎えるまで、温かく見守ってくださいました皆さまに、両家の家族一同、感謝の気持ちでいっぱいでございます。

ゲストへのお礼

また先ほどは、大勢の皆さまよりご祝辞や激励のお言葉をたまわりまして、ありがとうございました。併せまして、ご媒酌の労をお引き受けくださいました鈴木浩志さまご夫妻に、この場をお借りしまして深謝いたします。

祝辞と媒酌人へのお礼

ゲストへのお礼の気持ちと亡き新郎父への思いをこめたあいさつ

同じ父親の立場で、今は亡き新郎父への思いを語る、心温まるあいさつです。

アドバイス

天国にいる新郎の父と喜びをわかち合うイメージで、父親ならだれでも共感できる思いをまとめます。

1 言い換え例 新郎父が他界している

「新郎の信孝さんのお父上が故人となっておりますので、まことに僭越《せんえつ》ながら、私が両家を代表してごあいさつさせていただきます」

ただひとつ、新郎の父上であります義明氏が天国に旅立たれてしまって、この晴れの日に立ち会えませんことが、私どもにはたいへん残念でなりません。

とても子ども思いの方で、信孝さんの結婚を心待ちにしておられたとお母さまからお伺いしました。2 今このときも、空の上から「ふたりで力を合わせてがんばるんだよ」と、信孝さんと美紀の晴れ姿を、やさしい眼差しで見守られていると存じます。

信孝さんは、父上ゆずりの聡明な人物であり、やさしさとたくましさを併せもっています。新婦の父として、謹んでお話し申し上げます。信孝さん、信孝さんは美紀の最良の伴侶ですよ。どうか、ふたりの末永い幸せの守り神になってください」。

最後に、まだ至らぬことの多い両人でございます。皆さまには、これからもふたりをしっかり見守っていただくとともに、いっそうのご指導、ご鞭撻《べんたつ》をたまわりますようお願いいたしまして、ごあいさつに代えさせていただきます。

皆さまの末永いご健康とご多幸を、心よりお祈りいたします。

本日は、まことにありがとうございました。

「まことに僭越ではございますが、新郎信孝さんのお父上に代わりまして、ひと言、ごあいさつ申し上げます」

2 言い換え例
亡き父親の思い

「お父上がご存命でしたら、皆さま方の先ほどのご祝辞を聞かれて、どんなに息子さんを誇りに思われたことかと、存じます」

新婦の父
4

新郎の父に続いて行う謝辞

●ユーモアを交えて花嫁の父の心境を

新郎父のあいさつを受けて
花嫁の父の心境を語る
新郎父のあいさつとの重複を避けるため、謝辞を簡潔にまとめ、新婦の父ならではの思いを語るあいさつです。

自己紹介とお礼

ただいまご紹介にあずかりました、新婦道代の父、吉本和己でございます。新郎の父上に続きまして、私からもひと言、お礼のごあいさつをさせていただきます。本日は、まことにありがとうございました。

新婦の父としての思い

よく、花嫁は好きな人と一緒になることができて「うれし恥ずかし」であるけれど、花嫁の父は手塩にかけて育てた娘を、ろくでもない若い男に横取りされたような気持ちになって「わびしさびし」、ワビサビの心境になると申します。

本日、この私がはからずも「花嫁の父」となりまして、まったくそのとおりであると実感いたしました。

決して、新郎の慎一郎さんがろくでもない若い男だなどと思っているわけではございません。見るからにスポーツマンで、いつもはつらつとしていて、初めて会ったときから「じつに頼もしい。道代にはすぎたパートナーだ。この男なら、安心して嫁がせることができる」と喜んでおりました。

1 言い換え例
「花嫁の父」にありがちな感情を引き合いに出して

「花嫁の父は、娘の結婚相手になど会いたくもないと思うものだそうです」

「花嫁の父としましては、悔しさ半分、さびしさ半分といったところで、ずいぶん昔に失恋をしたときのことを思いだしたほどです」

ただ、今日こうして道代の本当にうれしそうな姿を見ておりますと、なぜか、「よかった、うれしい」という気持ちのそばから、「わびしさびしの思いがわいてくるのです。包み隠さず申し上げますと、「悔しい！」と叫びたくなるような心持ちでございます。

振り返ってみますと、25年ほど前、私と妻が結婚式を挙げましたとき、妻の父親は今の私と同じ心境だったのだと、恥ずかしながら、花嫁の父になって初めて気がついたしだいでございます。

もしかしますと、ふたりも女の子を授かり、何十年かあとに慎一郎さんが今の私と同じ立場となる日が来るやもしれません。そう思いますと、今度はかわいい孫娘の顔を、もちろん孫息子でもいいのですが、一日も早く見たいものだと胸が高鳴って、気持ちが「うれし楽し」に変わってまいりました。

支援のお願いと結びの言葉

慎一郎さん、道代をよろしくお願いします。併せて、ご両親をはじめ野中家の皆さま、本日ご列席たまわりました皆さまには、若いふたりを温かく見守っていただきますよう、お願いをいたしまして、花嫁の父のごあいさつとさせていただきます。

2 言い換え例 新しく息子ができたことを喜ぶ新婦父

「その一方で、慎一郎さんはわが家にとっても新しい息子のようなもの。酒を酌み交わす楽しみが増えたと喜んでいる私もいまして、じつを申しますと、うれしくてうれしくてしかたがないのでございます」

新婦の父
5
婿養子に迎える場合

●新郎と両親への感謝をこめて

自己紹介

新婦の父、宮川政広でございます。渡辺・宮川の両家を代表いたしまして、ひと言、お礼のごあいさつを述べさせていただきます。

ゲストへのお礼

本日はご多忙のところ、新郎新婦のために大勢の皆さまにお運びいただきまして、まことにありがとうございました。幸い、さわやかな初夏の吉日、かくも盛大に昭人・靖子の結婚披露宴を催せましたことは、ひとえに皆さまのご支援、ご厚情によるものと、両家の家族一同、感謝の気持ちでいっぱいでございます。

また、皆さまからは先ほどより、心のこもったご祝辞や励ましのお言葉をたくさんいただきました。心を打たれるお話を耳にするほどに、ふたりがすばらしい方たちに恵まれましたことに、親として言葉には尽くせない感激の念で満たされております。

婿養子を迎えるにあたって

ご紹介いただきましたとおり、靖子は宮川家のひとり娘でございます。さほど由緒ある家ではございませんが、(1)やはり私どもといたしましては、

婿養子を迎える場合の一般的なあいさつ

婿養子を迎える場合は、新婦の父親が両家を代表してあいさつします。ゲストへのお礼は、新郎の父があいさつする場合と変わりませんが、新郎および新郎の親への感謝の言葉を中心にします。

1 言い換え例
養子として迎える

「こんなに有能な昭人くんを宮川家に迎えることができ、親族一同喜んでおります」

私の代で宮川の姓が途絶えることになってはご先祖さまに申し訳ないという思いがありまして、どうしたものかと考えておりました。

このことは靖子も気にかけていまして、昭人さんとも相談していたようです。そこで結婚の話が持ち上がりましたときに、私が昭人さんに「婿養子に入っていただけませんか」とお願いしたところ、「わかりました。僕は次男なので、渡辺の家を継がなくても問題ありません。僕にとっていちばん大事なのは名前ではなく、結婚して靖子さんを幸せにすることです」という、なんともうれしい言葉が返ってきました。渡辺家のご両親も快諾してくださって、宮川の姓を昭人さんに継いでいただくことになったしだいでございます。

支援のお願いと結びの言葉

渡辺家の皆さま、私どものわがままなお願いをお受けいただきまして、本当にありがとうございました。

最後になりましたが、まだ若いふたりでございます。今後とも皆さまには両名を温かくご支援、ご指導いただきますよう、よろしくお願い申し上げます。本日は、まことにありがとうございました。皆さま方のご健康とご多幸をお祈りいたしまして、ごあいさつの結びとさせていただきます。

家業を継いでもらう場合

「新郎昭人さんに宮川家を継いでもらえるようになりましたことを、皆さまにご報告させていただきます」

「新郎昭人くんに私どもの店を継いでもらうことになり、宮川商店の未来が急に明るくなりました」

「宮川家は代々、電器店を営んでおりまして、私で三代目になります。小さな店ではありますが、できればひとり娘の靖子に婿養子を迎えて、受け継いでほしいと、かねて願っておりました」

新婦の父 6

ひとり娘を嫁がせる場合

●最愛の娘の幸せを願う親心を率直に

自己紹介とゲストへのお礼

新婦のぞみの父、吉田義雄でございます。本日は皆さまお忙しいなか、工藤・吉田両家の結婚披露宴にご出席たまわりまして、まことにありがとうございました。僭越《せんえつ》ではございますが、ひと言、お礼のごあいさつを申し上げます。

親としての思い

ご紹介にありましたように、のぞみは吉田家のひとり娘でございます。親ばかと言われますのは覚悟のうえで、お話しさせていただきたく存じます。

「のぞみ」という名前のとおり、(1)娘は私どもの希望の星でありまして、今日《こんにち》まで手塩にかけて育ててまいりました。ずっとそばにいて、楽しい夕食の語らいが続くことを望んでいました。

そうは申しましても、女の子として生を受けた限り、いつかはお嫁にいく日がまいります。(2)のぞみが適齢期を迎え、ぜひとも最高の伴侶を見つけてほしい、けれど、その日は先であってほしいと、相反する思いの日を過

ひとり娘を嫁がせる親の心情を語るあいさつ
ゲストへのお礼と併せて、ひとり娘を嫁がせる親の心情を率直に伝えるあいさつです。

1 言い換え例 娘との日々
「のぞみは小さいころから親思いのやさしい性格でして、いつも親子3人、仲よく楽しく過ごしてまいりました」

2 言い換え例 娘を嫁がせる親の心境
「娘が嫁ぐ日はいつのことになるだろうかと、これまで何度か想像してきましたが、いざ

ごしておりました。

したがいまして、正敏さんから「のぞみさんをお嫁さんに」との申し出がありましたときは、「スマートで頭脳明晰《めいせき》な好青年で、のぞみにはすぎたるパートナーだ」と喜びつつも、正直なところ、「ついにこの日が来たか」とさびしい気持ちも同時にこみあげてまいりました。

どうか正敏さん、3 私どもの最愛のひとり娘、のぞみを末永くよろしくお願いいたします。「正敏さんなら、のぞみを私たち以上に幸せにしてくれる」と信じておりますので。

祝辞へのお礼

つい新婦の親の繰り言になってしまいました。ご容赦ください。

また、皆さま方には先ほどより、数多くのご祝辞や心温まるお言葉を頂戴いたしまして、感謝の念に堪えません。ふたりの胸にも深くしみ入ったものと存じております。どうぞこれからも、正敏・のぞみの両名にいっそうのご支援、ご指導をたまわりますよう、お願い申し上げます。

結びの言葉

最後になりましたが、皆さまのご健康とご多幸をお祈りいたしまして、お礼の結びとさせていただきます。

本日は、まことにありがとうございました。


その日を迎えますと、やはり複雑な心境です」

「うれしそうに挙式の準備をする娘を見ながら、うれしいようなさびしいような思いできょうまで過ごしてまいりました」

3 言い換え例
娘をよろしくと伝える

「娘は少しのんびりしたところがありますので、正敏くんには上手にリードしていただいて、ぜひともふたりらしい家庭を築いていってください」

新婦の父
7

短い謝辞（シンプルでスタンダード）

●お礼とお願いに的を絞って、簡潔に

自己紹介

　新婦の父、中田直幸と申します。両家を代表いたしまして、ひと言、お礼のごあいさつを申し上げます。

ゲスト、媒酌人、祝辞へのお礼

　本日はご多用のなか、広瀬・中田両家の結婚披露宴にご臨席たまわりまして、ありがとうございます。

　雅之・香織の両名は本日、当式場の神前にて結婚式を挙げ、夫婦の契りを交わしました。ひとえに皆さま方のご厚情、ご支援のたまものと、両家の家族一同、感謝の念でいっぱいでございます。

　また、ご媒酌人の武内宣親さまご夫妻、ご祝辞や激励のお言葉を頂戴いたしました皆さまに、厚くお礼申し上げます。

支援のお願いと結びの言葉

　未熟なところも多いふたりでございます。今後とも、いっそうのご助力とご支援をたまわりますよう、お願い申し上げるとともに、皆さま方のご健康とご繁栄をお祈りいたしまして、簡単ではございますが、ごあいさつとさせていただきます。まことにありがとうございました。

お礼とお願いを簡潔にまとめた短い謝辞

ゲスト、媒酌人、祝辞などへのお礼と新郎新婦への支援のお願いに的を絞った、基本的なあいさつです。

アドバイス

スピーチの苦手な方にもおすすめです。

1 言い換え例 関係者へのお礼

「すばらしい司会を務めてくださいました山田さま」

新婦の父 8

短い謝辞（親の思いをひと言）

●お礼とお願いに、親の思いを添えて

自己紹介

新婦の父、土屋勝彦でございます。

ゲストと祝辞へのお礼

お忙しいなか、新郎新婦のために大勢の皆さまにお集まりいただき、また、たくさんのご祝辞や励ましのお言葉をいただきまして、まことにありがとうございました。倉田・土屋の両家を代表いたしまして、厚くお礼申し上げます。

親としての思い

巧さんと恵理の新しい門出を祝うかのように、外では桜の花が満開でございます。（1）親として、とてもうれしく思いますとともに、これからふたりで力を合わせて、末永く幸せに暮らしていってほしいと、心より願っております。

支援のお願い

皆さまには、今後ともふたりを温かく見守ってくださいますよう、さらなるご指導、ご支援のほど、よろしくお願いいたします。

結びの言葉

最後に、皆さまのご健康とご多幸をお祈りいたしまして、はなはだ簡単ではございますが、ごあいさつの結びとさせていただきます。

お礼とお願いに親の思いを添えた短い謝辞

短いなかに季節感も加えながら親としての思いを語ります。

1 言い換え例 季節にふれながら喜びを語る

「小春日和の穏やかな陽光が窓から射し込んでいます。お互いに協力して、いつまでも穏やかな毎日を送れますように」

「新緑の美しい季節に、晴れやかな門出を迎えられ、ふたりの未来が輝いて見えます」

新郎の母 1

新郎の父が亡くなっている場合

●他界した新郎の父の思いを代弁して

自己紹介

皆さま、本日はお忙しいなか、正人・珠美の結婚披露宴にお集まりいただきまして、ありがとうございました。

ただいまご紹介にあずかりました、新郎の母、矢野俊子でございます。

1 故人でありますす新郎の父親に代わりまして、お礼のごあいさつをさせていただきます。

ゲストへのお礼

おかげさまで、正人・珠美は本日、当式場のチャペルにてつつがなく結婚式を挙げることができました。先ほど、神父さまの前で永遠の愛を誓うふたりの姿を見ますほどに、うれし涙がこみあげてまいりました。これもひとえに、ふたりをご支援くださいました皆さま方のご厚情のたまものと、私ども親族一同、心より感謝いたしております。

媒酌人と祝辞へのお礼

とくにご媒酌の労をお執りいただきました斉藤茂男さまご夫妻には、この場をお借りいたしまして、深くお礼申し上げます。また、先ほどは大勢の皆さまからお祝いや励ましのお言葉を頂戴いたしました。ふたりには、

新郎の母として亡き新郎父の思いを代弁するあいさつ

新郎の父である、亡き夫のぶんもお礼を述べる、心のこもったあいさつです。

1 言い換え例 他界した父に代わり母があいさつする

「父親の明久が10年前に他界いたしましたので、まことに僭《せん》越《えつ》ではございますが、両家を代表してごあいさつさせていただきます」

亡き新郎父への思い

何よりのはなむけになりましたことと存じます。

ご存じの方も多いと思いますが、正人の父の明久は10年ほど前に他界いたしました。まだ正人が高校生のときでして、その将来を最後まで気にかけておりました。きっと今、空の上からふたりの晴れ姿をおおいに喜んで見てくれていることでしょう。そして正人に向かって、「珠美さんのように、とてもすてきなお嬢さまを花嫁に迎えることができて本当によかった。ふたりで力を合わせて、幸せな家庭を築いていくんだよ」と、そう声をかけているような気がしてなりません。

まさに感無量でございます。

支援のお願い

最後になりましたが、まだ至らぬことの多い、若いふたりでございますので、皆さま方には今後とも、ふたりを温かく見守っていただきますよう、また、いっそうのご指導、ご助力をたまわりますよう、よろしくお願い申し上げます。

結びの言葉

あらためまして本日は、まことにありがとうございました。皆さま方の末永いご健康とご多幸をお祈りいたしまして、結びとさせていただきます。

2 言い換え例 新郎父の思いを代弁

「『息子が結婚するときは、前の晩に腕相撲をして、俺は負けてやるんだ』と言っていましたが、きょうの正人を見ていますと、父親は手加減しなくても負けていたと思います。この晴れ姿をひと目見せてあげたかったと思わずにはおれません」

「夫がきょうここにいましたら、珠美さんの美しさに感動していたことと存じます」

新郎の母
2

新郎の父が列席できない場合

●不在の父の言葉を盛り込んで

自己紹介とお礼

ただいまご紹介にあずかりました、新郎の母、寺沢妙子でございます。本日はご多用のなか、孝太郎・麻衣子の結婚披露宴にお運びいただきまして、まことにありがとうございました。僭越《せんえつ》ではございますが、主人に代わり両家を代表いたしまして、厚くお礼申し上げます。

事情の説明とお詫び

1 本来でありましたら、新郎の父、潤一がごあいさつ申し上げるところでございますが、あいにく体調が思わしくなく、出席がかなわなくなってしまいました。

本人はなんとしてでも出席すると申しておりましたが、お医者さまから「どうしても認めるわけにはいきません。新郎新婦やご家族のためにも、療養に努めて早く回復することが第一です」と申し渡されまして、納得せざるを得なかったしだいでございます。

2「ご列席の皆さま方にはたいへん申し訳なく、心よりお詫び申し上げます。ふたりの門出が幸せに満ちたものになるよう、ベッドの上で祈っておりま

父親が列席できないことへのお詫びをかねたあいさつ

謝辞の基本的な要素をおさえつつ、新郎の父の残念な気持ちを伝えます。

1 言い換え例
父親の欠席理由

「病気療養中で欠席の夫に代わりまして、ひと言ごあいさつ申し上げます」

「仕事の都合で、急遽《きゅうきょ》アメリカに発つことになってしまいました。皆さまをお招きしながら出席することができず、深くお詫び申し上げます。夫からも非礼をお詫びするよう、申しつかってまいりました」

す。ひとえによろしくお願いいたします」と、主人からの言伝《ことづて》でございます。どうか心中をお察しいただきまして、皆さまをお呼び立てしておいてのご無礼をご容赦くださいませ。

祝辞へのお礼

　私どもも残念でなりませんが、先ほどより皆さまから、心のこもったご祝辞や励ましのお言葉をいただきまして、気持ちが晴れやかになりました。また、今はビデオという便利なものがございます。この披露宴のビデオを見ることを主人は待ち望んでおり、ふたりの晴れ姿と皆さまのお言葉に大喜びすることと存じます。

支援のお願い

　幸い、主人は順調に回復しつつあります。近いうちに元気になって、孝太郎と麻衣子さんの新生活をやさしく応援してくれることでしょう。

　両人には力を合わせて歩んでほしいと望んでおりますが、まだ至らぬことも多いと存じます。今後とも皆さまには、ふたりを温かく見守っていただくとともに、いっそうのご指導、ご鞭撻《べんたつ》をたまわりますよう、あらためてお願い申し上げます。

結びの言葉

　最後になりましたが、皆さまの末永いご健康とご多幸をお祈りいたしまして、ごあいさつとさせていただきます。

「本人もたいへん楽しみにしておりましたが、まだ退院はできないとの判断で、残念ながら欠席させていただく非礼をお詫び申し上げます」

言い換え例 2
父親からの伝言

「息子の晴れの日に出席できず残念であるとともに、ご出席くださいました皆さまには、ごあいさつもできず、たいへん申し訳ありません。どうか、若いふたりを今後ともよろしくお願い申し上げます」

「うれしい気持ちとやるせない気持ちの両方でいっぱいでございます。ご列席の皆さまに深くお詫び申し上げるとともに、ふたりの幸せを祈って心の中で祝杯をあげております」

新郎の母
3

短い謝辞（シンプルでスタンダード）

●お礼とお願いをシンプルに伝える

自己紹介

新郎の母、戸沢綾子でございます。両家を代表いたしまして、ひと言、お礼のごあいさつを申し上げます。

ゲストへのお礼

本日はお忙しいなか、戸沢・杉村両家の結婚披露宴にお集まりいただきまして、まことにありがとうございました。

本日、幸一・さやかの両名は当式場にて挙式を行い、晴れて夫婦となりました。皆さまの温かいご支援のおかげによりますものと、両家の親族一同、感謝の気持ちでいっぱいでございます。

媒酌人と祝辞へのお礼

併せまして、ご媒酌人の横山勝浩さまご夫妻、ご祝辞や励ましのお言葉をいただきました皆さまに、心よりお礼申し上げます。

支援のお願い

まだ未熟なところの多いふたりでございます。これからも、いっそうのご指導をたまわりますよう、お願い申し上げます。

結びの言葉

最後に、皆さまのご健康とご多幸をお祈りいたしまして、簡単ではございますが、ごあいさつの結びとさせていただきます。

基本的な要素を端的にまとめたあいさつ

ゲスト・媒酌人・祝辞などへのお礼と新郎新婦への支援のお願いを端的に伝えるあいさつです。

アドバイス

人前で話すことが苦手な方にも適しています。

1 言い換え例 関係者へのお礼

「本日司会を務めてくださいました佐野さま、準備の段階から本当に大変だったことと思います。この場をお借りして、お礼申し上げます」

新郎の母
4

短い謝辞（親の思いをひと言）

●お礼とお願いに、親の思いを添えて

自己紹介

新郎の母、島岡三千代でございます。

ゲストと祝辞へのお礼

本日はお忙しいなか、このように大勢の皆さまにお運びいただき、また、心のこもったご祝辞や励ましのお言葉をいただきまして、まことにありがとうございました。島岡・飯島の両家を代表いたしまして、深くお礼申し上げます。

母としての思い

親孝行な子になってほしいと願って「孝行《たかゆき》」と名づけたのでございます。きょうこうして美人で気立てのいい理紗さんと結ばれることができまして、これ以上の親孝行はございません。新郎の母親といたしまして、先ほどより、うれし涙でハンカチを濡らしております。

支援のお願い

今後とも、皆さまにはふたりを温かく見守っていただき、さらなるご指導、ご支援をたまわりますよう、よろしくお願いいたします。

結びの言葉

最後に、皆さまのご幸福をお祈りいたしまして、はなはだ簡単ではございますが、ごあいさつとさせていただきます。

母親の思いをひと言織り込んだ短いあいさつ

短いあいさつでも、名前の由来や子ども時代のエピソードを加えると、母親ならではの話になります。

1 言い換え例 子どもの性格にふれながら

「孝行はおとなしい子でしたので、理紗さんのように美しく、心のやさしい方と結婚できますとは、率直に申しまして、子どものころからは想像できないほどの成長ぶりでございます」

新郎のおじ 1

新郎の父が亡くなっている場合

●亡き父親の思いも伝えて

自己紹介

新郎勝彦のおじ、三宅大三郎と申します。新郎の父、真二郎の弟（兄）でございます。新郎の父親に代わりまして、僭越《せんえつ》ではございますが、ひと言、お礼のごあいさつを申し上げます。

ゲストと媒酌人へのお礼

本日は、皆さまご多忙のなか、三宅・山形両家の結婚披露宴にご列席くださいまして、まことにありがとうございました。

おかげさまで本日、勝彦・麻里の両人は当式場の神前におきまして三三九度の杯を交わし、晴れて夫婦となることができました。ご媒酌の労をお執りいただきました小野寺孝之さまご夫妻、この結婚披露宴にお集まりいただきました皆さまのご厚情、ご支援のたまものでございます。両家を代表いたしまして、厚く御礼《おんれい》申し上げます。

祝辞へのお礼

皆さまからは先ほど、数多くのご祝辞や温かい激励のお言葉を頂戴いたしました。新郎の父も、雲の上から、ふたりの晴れ姿を目にして、また、皆さまのお声を耳にして、喜んでいることでしょう。私どもも、感謝と感

新郎の後見人として亡くなった新郎父の思いを伝えるあいさつ

亡き新郎父の実弟（実兄）として、「新郎の父が存命であれば、きっとこう思って喜んでいるだろう」という親心を語る、親族ならではのあいさつです。

1 言い換え例 父親の代わりに

「新郎の父親は私の弟（兄）でして、たいへん仲がよかったものですから、私も勝彦を実の息子のようにかわいがってまいりました。本日は父親代わりということで、ひと言ごあいさつさせていただきます」

激の思いでいっぱいでございます。

亡き新郎父への思い

司会の方からのご紹介にありましたように、勝彦の父であり私の兄（弟）である真二郎は15年ほど前、勝彦がまだ中学生のときに46歳の若さで鬼籍に入《い》りました。生前、長男であります勝彦の将来をとても案じておりまして、「一人前になるまで、しっかり見守ってほしい」と頼まれました。ですから、勝彦が麻里さんというすばらしいお嬢さまと結婚できましたことは、私といたしましても、兄（弟）との約束を果たすことができたと、たいへんうれしく思っております。こうしてごあいさつをしていますと、「これで三宅家も安泰だ。勝彦、麻里さんと母さんを大事にするんだよ。あとはお前に任せたぞ」と、兄（弟）が語りかけているような気がしてなりません。

支援のお願い

そうは申しましても、まだ未熟な若いふたりでございます。今後とも、皆さまには、ふたりを温かく見守っていただき、いっそうのご指導、ご鞭《べん》撻《たつ》をたまわりますよう、よろしくお願い申し上げます。

結びの言葉

最後になりましたが、皆さまの末永いご健康とご多幸をお祈りいたしまして、ごあいさつの結びとさせていただきます。

本日は、まことにありがとうございました。

2 言い換え例 亡くなった時期

「早いもので、勝彦の父親が故人となってから、まもなく15年になります」

「まだ中学生だった勝彦を残して兄（弟）が他界したのは、15年前のことです」

3 言い換え例 思い出を語って

「病室で『勝彦がどんなお嬢さんと結婚するのか、楽しみだなあ。なんとか元気になってこの目で見てみたい』と私に話しておりました」

新郎の父が列席できない場合

●新郎の父の不在には、あえてふれずに

自己紹介

私は新郎のおじ、末永賢造と申します。末永・堀井両家を代表いたしまして、ひと言お礼のごあいさつを申し上げます。

本日はお忙しいなか、新郎新婦のために大勢の皆さまにご列席いただきまして、ありがとうございました。

ゲストへのお礼

おかげさまで 1 本日、晴夫と真紀の両名は当ホテルのガーデンチャペルにて、神父さまの前で永遠の愛を誓い、新生活の第一歩を踏みだしました。お天気にも恵まれまして、本当にすばらしい結婚式でございました。ふたりがこの日を迎えるまで、何かとご支援をいただきました皆さまに、親族一同、心より感謝いたしております。

関係者と祝辞へのお礼

司会の大役を見事に果たされました佐藤さま、受付や写真撮影をしてくださいました同僚の方たち、たいへんお世話になりました。厚くお礼申し上げます。

また先ほどは、皆さまからご祝辞や激励のうれしいお言葉をいただきま

新郎父の不在にはふれず代わりに行うあいさつ

列席できなかった新郎の父親に代わり、新郎のおじがスピーチをする場合に一般的に使えるあいさつです。

アドバイス

出席できない理由を、必ず説明しなくてはならないわけではありません。新郎側の親族代表として、ごく自然に話せばいいでしょう。

1 言い換え例
婚儀が無事に済んだ報告

「本日、緑萌《も》えるさわやかな日に、晴夫と真紀は無事に結婚の儀を執り行うことができました。これもひとえに、これ

した。何よりのはなむけとして、両名の胸に深く響いたことと存じます。私たち親族も、ひとえに感激するばかりでございます。

新郎新婦に贈る言葉

(2) 新郎の晴夫は、身内の私から見ましても、意欲と行動力にあふれる好青年でございます。新婦の真紀さんは、今皆さまがご覧になっておられるとおり、才色兼備を絵に描いたようなお嬢さまですから、だれもが認めるお似合いの夫婦かと存じます。明るく輝やかしい未来が、これからのふたりを待ち受けていると申し上げても、決して過言ではないでしょう。

支援のお願い

そうは申しましても、まだ若いふたりですので、未熟なところも多くございます。人生は山あり谷ありと申します。これからの長い道のりでは、壁にぶつかることもあるかと思います。ぜひ、力を合わせて乗り越え、末永く幸せに歩んでいってほしいと願っております。皆さまにも、ふたりを温かく見守っていただき、いっそうのご指導、ご支援をたまわりますよう、お願い申し上げます。

お詫びと結びの言葉

あらためまして、本日は、まことにありがとうございました。行き届かぬこともありましたかと存じますが、どうかご容赦ください。

結びとなりますが、皆さまのご健康とご多幸をお祈りいたしまして、ごあいさつとさせていただきます。

まで両名を支えてくださった、ここにご列席の皆さまのおかげと、両家一同、心より感謝申し上げます」

(2) 言い換え例 新郎・新婦を褒める

「身内の自慢になりますが、仕事にも趣味のスポーツにも全力で打ち込むタイプの晴夫と、お料理が上手で家庭的な真紀さんは、まさにベストカップルだと思います」

「何ごとにも真剣に取り組む晴夫と、それを明るく支える真紀さんは、これ以上ないお似合いの夫婦だと思います」

「晴夫は、たいへんやさしい男です。それが、こんなに美しいお嫁さんを迎え、大切にしないわけがありません。堀井家の皆さま、どうかご安心ください」

新郎の義父

新郎の母が再婚している場合

●義父ならではのエピソードを入れて

自己紹介

ただいまご紹介にあずかりました、柳原武でございます。新郎の純にとりましては、義理の父親にあたります。僭越《せんえつ》ではございますが、柳原・高松両家を代表いたしまして、お礼のごあいさつをさせていただきたいと存じます。

ゲストへのお礼

本日はご多用のなか、純と遙の結婚披露宴にご臨席をたまわりまして、ありがとうございました。大勢の皆さま方にお集まりいただきまして、両家の家族・親族一同、感謝の念に満たされております。

おかげをもちまして本日、純と遙は当式場の神前におきまして結婚式を挙げ、晴れて夫婦となりました。ひとえに、ふたりを温かく見守ってくださいました、皆さま方のご厚情のたまものと、心より感謝しております。

媒酌人へのお礼

ご媒酌の労をお執りくださいました長瀬義彦さまご夫妻には、たいへんお世話になりました。この場をお借りいたしまして、厚くお礼申し上げます。

祝辞へのお礼

また、ただいまは皆さまから、過分なご祝辞や心温まる激励のお言葉を

基本的な新郎父のあいさつに義父ならではの思いを加えたあいさつ

謝辞の基本的な要素に加えて、義理の父だからこそ語れる思いを伝えます。

アドバイス

義父だからといって、特別な配慮は必要ありません。実父と同じように、新郎の結婚を喜んでいる気持ちを率直に語りましょう。

1 言い換え例

新郎と初めて会った日の思い出

「初めて純に会ったときにつないだ手の小ささを、今でもはっきり覚えています。それが、

いただきまして、ありがとうございました。どのお言葉からも、これまでふたりが、人生のいろいろな場面で皆さまに助けられ、励まされて歩んできましたことが伝わってまいりまして、感謝の気持ちでいっぱいでございます。

義父としての思い

1 私は、新郎の純が中学生のときに、純の母親の祥子と結婚いたしました。以来、義理の父ではありますが、私自身は実の父親になった気持ちで、祥子と力を合わせて純を育ててまいりました。それだけに純が真っ先に私に「お父さん、この人と結婚したい」と遙さんを紹介してくれたときの喜び、そして本日、ふたりの晴れ姿を見守りながら、こうしてごあいさつができるうれしさは、それはもう格別でございます。

支援のお願いと結びの言葉

最後になりますが、まだ至らないところの多い、未熟なふたりかと存じます。今後とも、皆さま方には温かく見守っていただきたく、併せまして、いっそうのご指導、ご鞭撻《べんたつ》をたまわりますよう、よろしくお願いを申し上げます。

本日は、まことにありがとうございました。皆さまの末永いご健康とご多幸を祈念いたしまして、ごあいさつの結びとさせていただきます。

こんなに立派になって、すてきな花嫁を迎え、きょうの純の晴れ姿を見ていましたら、涙があふれてしまい、久しぶりに泣きました」

親子の絆《きずな》を話す

「純が成人しましてからは、よくふたりでお酒を酌み交わしながら人生や、仕事や恋愛について語り合ってまいりました。それだけに、純が遙さんというすばらしいお嬢さまと結ばれることがかないまして、うれしい限りでございます」

開宴のあいさつ（スタンダード）

●結婚式の報告とゲストへのお礼を中心に

自己紹介とはじめの言葉

新郎の父、木戸大輔でございます。

皆さま、本日はお忙しいなか、万障お繰り合わせのうえ、木戸・安藤両家の結婚披露宴にご臨席たまわりまして、まことにありがとうございます。

ご遠方よりご足労いただいた方もおられると伺っております。また、早い時間からお運びいただきましたにもかかわらず、お待たせをいたしまして申し訳ございません。

たいへん恐縮ではございますが、両家を代表いたしまして、ひと言、開宴のごあいさつをさせていただきたく存じます。

結婚式の報告

おかげをもちまして、耕平と瑞穂さんは本日、瑞穂さんが通われた大学のチャペルにおきまして結婚式を挙げ、夫婦としての新たな一歩を踏みだすことができました。

1 親のひいき目かもしれませんが、とても厳かで気品に満ちた挙式でございました。耕平は凛々《りり》しく、瑞穂さんは清楚《せいそ》で美しく、私ども家族・親族

開宴のあいさつに必要な要素をまとめた一般的なあいさつ

ゲストへのお礼と挙式の報告を中心に、司会者の紹介、事前のお詫びなどを加えた開宴のあいさつです。

アドバイス

短ければ短いほどいいのが、開宴のあいさつ。上記の文章を基本として、なるべく簡潔にまとめましょう。

にとりましては、感激の気持ちでいっぱいの結婚式となりました。

ゲストと媒酌人へのお礼

ふたりがこの晴れの日を迎えることができましたのも、ご列席の皆さま方の温かいご支援がありましたからこそでございます。ご媒酌の労をお執りくださいました中村雄三さまご夫妻、そして、このように大勢お集まりくださいました皆さまに、開宴に先立ちまして厚くお礼申し上げます。

司会者の紹介

本日の司会は、新郎が勤務いたしております株式会社福島商事の同僚で、親友の天田雅彦さんが快く引き受けてくださいました。ありがとうございます。

開宴の言葉

それでは、これより開宴させていただきます。行き届かぬ点も多くありますことと存じますが、何とぞお許しくださいますよう、あらかじめお詫び申し上げるとともに、どうか皆さま、宴を大いに盛り上げて、耕平と瑞穂さんの結婚を祝っていただきたく、心からお願い申し上げます。

では天田さん、よろしくお願いいたします。

1 言い換え例
挙式の報告

「本日のお天気のように晴れやかな、とても気持ちのいい挙式でした」

「タキシード姿の耕平は威儀正しい騎士、純白のウエディングドレスに身を包んだ瑞穂さんは天使のようで、なんともすばらしい結婚式でした」

新郎の父
2

開宴のあいさつ（挙式と別の日に開催）

●結婚式の後日に披露宴を開く場合

結婚披露宴が遅くなった事情説明に重点を置いた開宴のあいさつ

何か特別な事情があり、ゲストに開宴前に知らせておくほうがいいと思われる場合のあいさつの一例です。

お礼、自己紹介とはじめの言葉

皆さま、本日はご多忙にもかかわらず、加部・結城両家の結婚披露宴にお運びいただきまして、まことにありがとうございます。

私は新郎一弘の父、加部慎吾でございます。開宴に先立ちまして、ひと言、ごあいさつを申し上げます。

ご存じの方も多いとは存じますが、一弘・佳子は3月18日に、八幡神社の神前におきまして三三九度の杯を交わし、結婚いたしました。入籍も済ませておりまして、すでに夫婦として仲むつまじく新生活を始めております。

事情の説明とお詫び

1 本来でありましたら、挙式のすぐあとに披露宴を開くべきですし、実際のところ当初は、ちょうど今の時期に挙式と披露宴を行う予定で準備を進めておりました。

ところがこの春、一弘が急に福岡に転勤することが決まりました。両家で話し合いました結果、そうであるならば、一弘の転勤に合わせてふたり

1 言い換え例 事情説明

「じつは、一弘をたいへんかわいがっております祖父の病状が思わしくなく、どうしても結婚式に参列させたいとの一弘の意向で、急遽結婚式を早めました。結城家の皆さまにはご理解いただき、この場をお借りしましてお礼申し上げます」

一緒に福岡に赴き、新生活を始めるほうがいいのではないかということになり、急遽《きゅうきょ》、結婚式だけを繰り上げて3月に執り行わせていただきました。

結婚披露宴につきましては、ふたりとも東京の出身であることから、東京で開宴することにあいなりまして、本日こうして皆さま方にお集まりいただいたわけでございます。

かようなしだいでありますので、開宴のごあいさつをかねまして、ご報告させていただくことにいたしました。どうか、ご賢察・ご了承のほど、お願い申し上げます。

開宴の言葉

2 それでは、これより開宴させていただきます。

行き届かぬ点も多くありますものと存じますが、ご容赦ください。粗《そ》酒粗肴《しゅそこう》のうえ、短い時間ではありますが、お楽しみください。どうか、一弘と佳子さんの門出を皆さまで盛大に祝っていただきたく、両家一同心よりお願い申し上げます。

司会者の紹介

3 司会は、一弘の大学の同級生であり、無二の親友でもあります大久保徹さんでございます。

大久保さん、どうぞよろしくお願いいたします。

2 言い換え例 開宴の言葉

「お待たせしまして申し訳ありません。それでは、これより一弘・佳子さんの結婚を祝う会を開宴させていただきます。充分なことはできませんが、どうか、ふたりの晴れの日を祝うこの宴をお楽しみください」

3 言い換え例 司会へ引き継ぐ

「お待たせいたしまして申し訳ございません。司会の大久保徹さんにバトンタッチいたしますので、よろしくお願いいたします」

「司会は一弘がお世話になっております、山川建設株式会社第一営業部の先輩、斉藤昭文さんです。では、斉藤さん、よろしくお願いいたします」

Q&A 4

結婚式や披露宴後に親がすることはありますか

遠方から列席してくれたゲストには、無事に帰宅したことの確認をかねて、当日、お礼の電話を入れましょう。また、過分にご祝儀をいただいたゲストへも、お礼の電話を入れて感謝の気持ちを伝えます。

また、招待していない方からご祝儀をいただいていたら、無事に挙式と披露宴を済ませた報告とともに、内祝いののしをつけた品物を贈ります。地域にもよりますが、一般的には「半返し」といって、ご祝儀の半額を目安に、1か月以内に贈るようにします。親の関係者には親が、新郎新婦の関係者であれば本人たちが、できれば直接持参しますが、郵送でも構いません。結婚式での新郎新婦のスナップ写真などを添えると、喜ばれるでしょう。

息子夫婦と同居する場合には、なるべく早くお嫁さんとともに近所にごあいさつに伺います。「長男○○が結婚いたしまして、同居することになりました嫁の□□です。どうぞよろしくお願いします」と紹介します。住居が戸建てなら行き来のある家、マンションなどの集合住宅なら上下と両隣など、ふだんのお付き合いの範囲を考えて伺うようにします。

その際、1000円前後の品物を用意し、紅白の結び切りの水引ののしに、「寿」の表書きと、お嫁さんの名前を書きます。タオルなどが一般的ですが、地域によっては紅白饅頭《まんじゅう》を決まりとしているところもあり、お嫁さんはそうした慣習を知らないことも多いので、親が用意したほうがいいでしょう。

第5章

アレンジ自在！親のあいさつフレーズ集

あいさつには
よく使われるフレーズがあります。
第4章の言い換え例でもたくさん示してありますが
本章ではさらにくわしく、パート別に紹介しています。
原稿を考える際や
しっくりくる表現が見つからなかったときの
言い換え案としてご活用ください。

冒頭の言葉

ゲストへのお礼

▼皆さま、本日はご多忙中にもかかわらず、新郎○○新婦□□の結婚披露宴にご出席いただき、まことにありがとうございます。

▼本日は若いふたりのためにおいでいただきまして、心よりお礼申し上げます。

▼本日は、大勢の皆さまにご出席いただき、まことにありがとうございます。おかげさまでこのような盛大な披露宴を催すことができました。

▼きょうは皆さま、私どもの地での結婚披露宴ということで、遠いところから長時間にわたりご列席いただきまして、まことにありがとうございます。

▼本日はお忙しいなか、長男○○と□□さんの結婚披露宴に際し、このように多くの方にご列席いただき、ありがとうございます。

▼本日は○○と□□の門出に、かくも盛大にお集まりいただき、まことにありがとうございます。

司会者・受付へのお礼

▼本日の司会進行をしてくださいました○○さま、受付をお引き受けくださいました皆さま、本当にありがとうございました。

▼司会の大役を見事に果たしてくださった○○さん、受付を担当してくださった□□さんには、たいへんお世話になりました。本当にありがとうございました。

▼司会の○○さんをはじめ、受付を担当してくださった□□さんや△△さんには、本日に至るまでにも何かとお世話になり、本当にありがとうございました。

自己紹介

▼ただいまご紹介いただきました○○○○です。新郎の父親として、ご列席の皆さまにひと言ごあいさつ申し上げます。

▼両家を代表いたしまして、僭越《せんえつ》ながら私、新郎の父、○○○○がごあいさつさせていただきます。

▼新郎の父、○○○○でございます。○○家・□□家を代表いたしまして、ひと言お礼のごあいさつをさせていただきます。

天候や季節にふれる

▼この季節にはめずらしい雪模様となり、お足元のお悪いなかをお越しいただきまして、まことにありがとうございました。

▼小雨模様のあいにくの天候となりましたが、心は晴れやかに本日を迎えることができました。

▼外では、満開の桜がふたりの門出を祝うかのように咲き誇っております。

▼日ごとに春めき、新生活のスタートにはぴったりの季節に結婚式を挙げることができました。

▼5月の風薫るこのよき日に、皆さまには大勢お集まりいただきまして、○○家・□□家を代表いたしまして、心よりお礼申し上げます。

▼雨の結婚式となりましたが、ジューンブライドは幸せになると申します。

▼真夏の結婚式ということで、皆さまにはお暑いなかお越しいただき、ありがとうございました。

▼美しい紅葉が、ふたりの門出を祝福しているようです。

▼寒さきびしきおりにもかかわらず、ふたりのためにお集まりいただき、ありがとうございました。

フレーズ集

ゲストへのお礼と支援のお願い

祝辞へのお礼

▼皆さま方から温かいご祝辞や励ましのお言葉を頂戴いたしまして、新郎新婦はもとより私たち両親、親族一同、心より感謝しております。

▼主賓の○○○○さま、そしてご同僚、ご友人さまから心のこもったご祝辞ならびに激励のお言葉をいただき、身に余る光栄でございます。

▼先ほどから、若いふたりのために過分なお褒めの言葉をたまわり、親といたしましては感激の思いでいっぱいでございます。

▼皆さまから心のこもったお祝いの言葉をいただいて、ふたりにとっても、私たち親族にとりましても、思い出いっぱいの記念の日となりました。

余興へのお礼

▼皆さまの歌や余興を拝見していて、息子たちのために大勢の方が盛り上げてくださることに、私たち家族は感激しております。本当にありがとうございました。

▼ご友人の皆さまに楽しい特技をご披露いただき、ありがとうございました。おかげで笑い声いっぱいの宴となりました。

▼ご同僚の皆さまによる余興もたいへんすばらしく、感動しました。

▼職場のチームワークが感じられる、すてきな余興をご披露いただき、ありがとうございました。○○はすばらしい職場に恵まれているとあらためて知りました。

▼○○さんのご友人による故郷の踊りは、思わず引き込まれてしまうほどすばらしく、機会がありましたら、○○さんにご指導いただきたいと思いました。

上司へのお礼

▼○○さまのすばらしいお言葉を聞かせていただき、息子はよき上司に恵まれ、充実した毎日を送っていることがわかり、安堵《あんど》いたしました。

▼○○がこのよき日を迎えられましたのも、ご指導くださっている□□さまのおかげと、あらためて感謝申し上げるしだいです。

▼営業本部長の○○さま、そしてご同僚、ご友人さまからの温かなご祝辞とご訓戒をたまわり、私どもといたしましては身に余る光栄と存じております。

▼息子○○に、こんなにすてきなお嬢さんをご紹介してくださいました営業本部長の○○さまには、心から感謝申し上げます。

媒酌人を務めた上司へのお礼

▼このたび、○○の上司の□□さまご夫妻にご媒酌の労をお執りいただきました。心からお礼を申し上げます。

▼新郎○○の勤務先の営業本部長□□さまご夫妻には、新婦△△さんとのご縁を結んでいただき、まことにありがとうございます。

▼○○の上司である□□さまご夫妻のご媒酌の労に感謝いたしまして、ここに謹んでお礼申し上げます。

恩師へのお礼

▼息子○○をご指導いただき、温かく見守ってくださいました恩師の□□さまには、深く感謝申し上げます。

▼息子の柔道の恩師でいらっしゃる○○先生がお話しくださいましたエピソードには、私ども家族も胸いっぱいの思いでございます。

▼むずかしい年頃の○○を導いてくださった□□先生に、このような晴れ姿をお見せでき、私どもも目頭が熱くなりました。

新郎・新婦の友人へのお礼

▼本日は大勢のお友達にお越しいただき、息子との楽しいやりとりを拝見していて、息子はすばらしい仲間に恵まれ幸せ者だとしみじみ感じました。皆さまどうか、これからも息子をよろしくお願い申し上げます。本当にありがとうございました。

▼ハウスウエディングというスタイルの披露宴に際し、お友達の○○さんや□□さんたちにご尽力いただいたとのこと、心からお礼申し上げます。

▼息子の友人○○さんは、本日の司会とともに、式全体の進行や演出などについてもアドバイスをしてくださいました。おかげさまですばらしい結婚披露宴となりましたこと、心より感謝申し上げます。

▼本日の結婚披露宴および、このあとの二次会と、お友達の皆さまのご協力なしにはできませんでした。ここに、心よりお礼申し上げます。

先輩ご夫妻に支援のお願い

▼小学校からのご友人○○さん一家と新郎新婦は、非常に仲よく行き来させていただいておりまして、仲むつまじい○○さんたちを理想の夫婦として、お手本にさせていただきたいと申しております。今後ともよきアドバイザーとして、息子夫婦をよろしくお願い申し上げます。

▼学生時代からの友人○○さんご夫妻は、先輩夫婦としてさまざまなアドバイスをしてくださったと伺っております。心から感謝申し上げますとともに、これからもふたりの支えになっていただければ幸いです。

▼会社の先輩の皆さまには、仕事面と併せて、夫婦の先輩としても、何とぞ若いふたりにご意見をたまわり、見守っていただけますようお願い申し上げます。

▼ふたりはこれから先、何かと迷うことも多くあるかと存じます。そうしたときは、先輩ご夫婦として相談に乗っていただけましたら幸いでございます。

フレーズ集

親の思い

期待や要望

▼ふたりには、思いやりの気持ちを忘れずに、助け合いながら明るい家庭を築いてほしいと念じています。

▼私どもの故郷、群馬は、だるまが有名です。だるまといえば七転び八起き。ふたりも、つまずいたとしても起き上がる、そんな気持ちで新生活をスタートしてほしいと願っています。

▼○○が皆さまのご指導を得て、いつか真のビジネスマンに、そして一家の大黒柱に成長してくれることを願ってやみません。

▼○○は、きょうから一家を背負って立つことになります。一人前の男として、立派に役目を果たしてほしいと願っています。

内助の功を期待して

▼自営業というのは何かと苦労もあります。そんなときは○○さんの内助の功で、息子を支えてやっていただければと思います。

▼商売は、おかみさんが家庭をしっかり守ってくれていればこそ、うまくいくものです。人生のパートナーとして、○○を支えていっていただければと思います。

自分たち夫婦を引き合いに出して

▼息子には、家庭をもつことの大変さなどきびしいことばかり申しましたが、考えてみれば私たち夫婦が結婚したときも、両親は同じ思いだったのでしょう。私たちがここまでやってこられたのですから、ふたりも立派にやってくれることでしょう。

▼私に似て不器用な○○を、妻によく似た新婦の□□さんがうまく支えてくれている。まるで私たち夫婦を見ているようです。これならきっとうまくいくと、妻と話しています。

新郎とのエピソード

▼息子の○○は、子ども時代はいわゆるいたずらっ子でして、ある日、大切な時計を解体してしまいました。どうしても中を見てみたかったんだそうです。これにはまいりましたが、今となってはよい思い出です。

▼○○は、高校時代の科学部で□□さんはじめすばらしいお友達に恵まれ、研究することの楽しさを知ったそうです。それが、今の研究職にもつながっているわけで、人生の出会いのすばらしさを実感しています。

▼マンション住まいでペットを飼うことができなかったのですが、○○はご近所の犬をたいへんかわいがり、ついに散歩役を引き受けてきてしまいました。これには驚き、あわててごあいさつに伺ったのを、懐かしく思いだしました。

▼新郎○○は子どものころからスポーツに打ち込み、好き嫌いなくなんでもよく食べ、まあ、言ってみれば、体が丈夫なことだけが取り柄の男でございます。

▼息子は学生時代はサッカー三昧《ざんまい》、社会人になってからはフットサルと、スポーツにばかり夢中になってきました。ある日、将来役に立つ資格のひとつでもとったらどうかと意見を出しましたところ、黙って部屋から使い込まれた参考書を持って来て、心配しなくていいから、と。すでに本人は勉強をしていたのですね。このときもう親の役目は終わった、と痛感したしだいです。

新婦とのエピソード

▼学生時代からわが家に遊びに来ていたので、「さっちゃん」と呼び、親しくしてきました。

▼先日、私たち夫婦の好物が宅配便で届きました。送り主は○○さんです。あとで聞いてみると、旅先で私たちの好物を見つけたので送ったとのこと。本当によく気のつく○○さんを迎える息子は、世界一の幸せ者です。

▼先日、店の手伝いをしてくれました○○さんは、学生時代にパン屋さんでアルバイトをしていたとのことで、すぐに要領を覚えて、気持ちのよい接客をしてくれました。

ふたりとのエピソード

▼先日、新婦の○○さんがわが家に遊びに来てくれたときも、キッチンで息子と楽しそうに食事の支度をしておりました。○○さんは結婚後も仕事を続けるとのこと、新生活もあんなふうに助け合っていくのだろうなと、ほほえましく感じたものです。

▼息子の仕事の関係で、結婚後は遠い地に住むわけですが、気楽に連絡がとり合えるようにと、息子と○○さんが私たちにパソコンの操作を一生懸命教えてくれました。飲み込みの悪い私たちにも根気よく教えてくれるふたりに、これからは私たちが子どもから助けられていくのだと実感したしだいです。

▼ふたりの共通の趣味はジョギングで、半年ほど前、一緒に走ろうと運動不足の私を誘ってくれました。ストレッチからフォームや靴の選び方などいろいろ教えてくれ、今ではジョギングが私の楽しみとなりました。息子と○○さんとの出会いは、私とジョギングとの出合いでもあるわけで、ありがたい限りです（笑）。

▼ふたりが大学生のころ、学園祭委員をしていたことで、よく仲間とわが家に集まっていました。じつはそのころから息子は○○さんが好きだったようですが、率先してゴミを片付け、きちんとあいさつする○○さんに、私たちも非常にいい印象をもっていたのです。その○○さんと真剣にお付き合いをしていると息子から聞き、また何度か一緒に食事するうちに、最初の印象は間違っていなかったと確信したしだいです。

自分たちが若かったころのエピソード

▼思い起こせば、私と家内が結婚したときは、土地勘のない場所で暮らす心細さなどもあり、まわりの方たちにたいへん助けられたものです。ふたりも協力しながら、また周囲の方の助言をいただきながら仲よく暮らしてほしいと思っています。

▼○○が生まれたころは、○○の姉たちもまだ幼く、家内とふたり、寝不足になりながら世話をしたものです。娘たちは○○の世話をよくしてくれました。そんなことを、きのうのことのように思いだします。

結びの言葉

フレーズ集

今後の支援のお願い

▼どうぞ皆さまには温かなご支援とアドバイスをいただき、末永くふたりを見守ってくださいますよう、お願い申し上げます。

▼ふたりの人生は、ようやくスタートしたばかりです。社会人としての先輩でありますご列席の皆さま方に、ご助力いただけましたら、若いふたりにはどれだけ心強いことでしょう。

▼先ほどから頂戴しておりますご祝辞や励ましのお言葉は、これから山あり谷ありの人生を歩むふたりの糧《かて》となるはずでございます。どうぞ今後とも、ふたりをよろしくお願い申し上げます。

▼若いふたりは皆さまのご支援のもと、助け合っていくものと思いますが、一人前に成長するまでには、これからまだ長い年月が必要になります。今後とも温かい目で見守り続けていただきたく、お願い申し上げます。

不備に対するお詫び

▼宴席におきましては、至らぬ点も多かったことと存じますが、何とぞお許しくださいますようお願い申し上げます。

▼本日は充分なおもてなしもできませんでしたが、何とぞお許しください。

▼せっかくお越しいただきながら格別のおもてなしもできませんで、不行き届きの点はお詫び申し上げます。

締めの言葉

▼ご出席いただきました皆さまの、ご健康とご多幸をお祈り申し上げます。

▼皆さま方のご多幸とご繁栄をお祈りして、私どものお礼の言葉とさせていただきます。

フレーズ集

ケースに合わせた例

再婚、子連れの場合

▼息子の○○は一度つらい思いを経験しておりますが、それを踏まえたうえで大切に育まれた□□さんとの結婚を承知してくださったご両親のためにも、末永く円満な家庭を築いてほしいと願うばかりです。

▼5歳になりました孫の○○も、□□さんにとてもなついており、これもひとえに□□さんのお人柄のおかげと、心から感謝しております。

▼本日は息子○○と□□さんの結婚というだけでなく、私どもにとりましては、孫も家族に加わっためでたい日でございます。

▼女手ひとつでお子さんを育ててきた○○さんの強くやさしい人柄に、ぜひ家族になってほしいと思いました。

晩婚の場合

▼数年に一度は転勤という職場でもあり、これまで縁遠かった息子ですが、先ほどもご紹介がありましたように、○○さまのお力添えがあって、きょうの日を迎えることができました。

▼少し遅めの結婚ではありますが、ふたりにとってはきょうがいちばんのタイミングだったのではないかと、先ほどからふたりのようすを見て感じております。

▼○○さんのご両親・ご親族にとっては、不安もおありでしょうが、たいへん仲のいいふたりでございます。年齢差はありますが、手をとり合って、よい家庭を築いていくことと存じます。

▼新婦○○さんから「□□さんは本当に頼りがいがあって、おっとりしている私には頼もしい人なんです」と言っていただいたときは、ありがたい思いでいっぱいでした。

海外転勤が決まっている場合

▼息子はこのあと、ベトナムのハノイに赴任する予定になっています。新婚生活を慣れぬ海外でスタートさせることで、○○さんには申し訳ない気持ちでいっぱいですが、力を合わせて新生活を築いていってくれるものと期待しております。

▼新婚生活を海外でスタートさせるというのは、たいへん気苦労の多いことですし、さまざまな困難に直面することもあるでしょう。そんなときに、皆さまの温かいご支援があれば、きっと乗り越えられると信じております。

学生結婚の場合

▼経済面や勉学面など、これからのふたりの生活を思いますと、親としましては心配が先立ってしまいますが、○○さんが一緒に暮らして支えたいと言ってくださり、本当にありがたく思っております。この時期をともに過ごすことで、ふたりの絆《きずな》がより強いものとなることを願ってやみません。

▼ふたりはまだ大学在学中であり、本当なら卒業を待って結婚するのがすじですが、ふたりの熱意に打たれ、私どもも結婚を認めたしだいです。○○さんのご両親にはご心配もございましょうが、ふたりを信じて見守っていただけたらと思います。

国際結婚の場合

▼ふたりは、文化や言葉の違いを乗り越え、きょうの日を迎えました。この違いをよい方向に活かし、すばらしい家庭を築いていってほしいと思います。

▼この機会にと、私と家内も英会話のレッスンに行き始めまして、○○さんと、下手な英語ですが会話ができるようになりましたのも、うれしい収穫です。

▼最初は文化の違うふたりがうまくいくのかと心配もいたしましたが、今ではそんな壁を乗り越えたふたりがとても頼もしく感じられます。2つの文化の融合が、すばらしい家庭を築くことにつながると信じております。

フレーズ集

あいさつに使える名言・格言

歴史上の人物の言葉

▼ドイツの作家で詩人でもあるゲーテの「**愛する人の欠点を美徳と思わないほどの者は、愛しているわけではない**」という言葉があります。ぜひ若いふたりの胸に、この名言を刻んでいただければと思います。

▼私からイギリスの元首相であるウィンストン・チャーチルの言葉を贈りたいと思います。「**私の業績のなかでもっとも輝かしいことは、妻を説得して私との結婚に同意させたことである**」。息子もきっとこのように思う日が来ると信じております。

▼『星の王子さま』の作者として有名なサン・テグジュペリは、「**愛すること。それはお互いを見つめ合うことではなく、一緒に同じ方向を見つめることである**」と言っています。息子も、○○さんと同じ方向を見つめていこうと心に誓ったに違いありません。

▼ドイツの詩人ハイネの名言に「**真珠は光る、星は光る、それよりも強く愛は光る**」というものがあります。この美しい言葉を、ふたりに贈りたいと思います。

▼「**愛情にはひとつの法則しかない。それは愛する人を幸福にすることだ**」と言ったのは、フランスの小説家のスタンダールです。シンプルですが、この深い言葉を忘れないでほしいと思います。

▼武者小路実篤《むしゃのこうじさねあつ》の作品のなかに「**幸福を求めるなら、まず幸福になる条件を自分でつくりだすことである**」という言葉があります。結婚は、まさに幸福になる条件のひとつです。まずはそれをつくりだしたのですから、これから先は、ふたりで幸福になれるように、助け合っていってほしいと思います。

▼「**幸せな結婚の秘訣《ひけつ》は、どれだけ相性がいいかではなく、相性の悪さをどうやって乗り越えるかにある**」。こう言ったのはアメリカの作家、ジョージ・レビンガーです。どんなに相性のいいふたりでも、異なる環境で

育ったのですから、そのうちに細かい違いが気になるかもしれません。そんなときは片方が我慢するのではなく、話し合って、ふたりの家庭ならではのルールをつくって、乗り越えていってほしいと思っています。

▼私の好きな言葉のひとつが、有名なロシアの小説家トルストイの**「確実に幸福な人となるただひとつの道は、人を愛すること」**です。きょうのふたりを見ていますと、たしかに今ふたりは確実に幸福な人となっており、トルストイの正しさが実証されたと感じます。

▼こんな言葉があります。**「人生でいちばん楽しい瞬間は、だれにもわからないふたりだけの言葉で、だれにもわからないふたりだけの秘密や楽しみを、ともに語り合っているときである」**。ドイツの詩人ゲーテによるものですが、恋愛しはじめのころ、新婚のころを思いだし、このすてきな言葉を忘れないでほしいと願います。

▼**「人間の愛情というものは、お互いがすっかり鼻についてから、やっとわきだしてくるものなのだ」**と言ったのは、小説家のオスカー・ワイルドです。いかにもイギリス人らしいシニカルな言い方ですが、長く夫婦をやっているものからすると、たしかにとひざを打ちたくなるような名言でございます。きょうのふたりが感じている愛情はまだまだ浅い！（笑）　末永く一緒に暮らして、本当の愛を知ってください。

▼**「人の幸福の第一歩は家庭内の平和だ。家庭内の平和は、夫婦が互いに深く愛することしかない」**と、言ったのは尾崎紅葉です。まさに名言で、新しい家庭を築くうえでの基本として、肝に銘じてほしいと思います。

▼**「結婚をしないで、なんて私は愚かだったんでしょう。これまで見たもののなかでもっとも美しかったものは、腕を組んで歩く老夫婦の姿でした」**。これは、生涯独身で通した往年の名女優グレタ・ガルボの言葉です。長年苦楽をともにした夫婦だからこその姿なのでしょう。新郎新婦だけでなく、私たちもこれをめざしたいと思います。

▼私は水戸黄門が大好きなのですが、光圀《みつくに》公は「**苦は楽の種、楽は苦の種と知るべし**」と言っております。これを、仕事にも結婚生活にも支えとなる名言として、ぜひ心に留めてほしいと思っています。

▼社会人としてはまだ未熟なふたりです。私からは、松下幸之助氏の「**失敗は、失敗したところでやめてしまうから失敗になる。成功するまで続ければ、それは成功になる**」という言葉を贈りたいと思います。

一般的な名句・名言

▼息子の赴任地での不慣れな生活に不安もあるでしょうが、「**郷に入《い》っては郷に従え**」というように、現地の皆さんのお力添えをいただきながら、新たな一歩を踏みだしてほしいと願っています。

▼中国のことわざに「**平和な家庭には、幸福は自ずと訪れる**」というものがあります。平和な家庭は、いい仕事にもつながりますから、ふたりで協力して、いい家庭、いい仕事をめざしてください。

▼「**喜びと悲しみは二輪の車**」ということわざがインドにあるそうです。人生についてまわる喜びと悲しみを、これからは分かち合って前者は倍に、後者は半分にしてほしいものです。

▼「**牛の歩みも千里**」という言葉は、努力を怠らなければ成果が上がるという意味です。人間関係も、結婚生活も、仕事も、互いの努力さえあれば最高のものになる、私はそう信じております。

▼若いふたりがきちんと家庭を築いていけるのか、不安に思うところもありますが、「**案ずるより産むがやすし**」と申します。神前で神妙に誓いを立てていたふたりを見て、これならば立派にやっていってくれるだろう、と安心しました。

▼「**己の欲《ほっ》せざるところは、人に施すなかれ**」といいます。夫婦は長く一緒に暮らすうちに、遠慮がなくなりわがままを言うことがあります。そんなときは、このことわざを思いだしてください。

話し方・マナー・演出のコツがわかる
結婚式　親の役割とあいさつ

編　者　高橋書店編集部
発行者　高橋秀雄
発行所　株式会社 高橋書店
〒170-6014 東京都豊島区東池袋3-1-1 サンシャイン60 14階
電話　03-5957-7103

ISBN978-4-471-01143-7　©TAKAHASHI SHOTEN　Printed in Japan

定価はカバーに表示してあります。


本書の内容についてのご質問は「書名、質問事項（ページ、内容）、お客様のご連絡先」を明記のうえ、郵送、FAX、ホームページお問い合わせフォームから小社へお送りください。

回答にはお時間をいただく場合がございます。また、電話によるお問い合わせ、本書の内容を超えたご質問にはお答えできませんので、ご了承ください。本書に関する正誤等の情報は、小社ホームページもご参照ください。

【内容についての問い合わせ先】
書　面　〒170-6014 東京都豊島区東池袋3-1-1 サンシャイン60 14階　高橋書店編集部
ＦＡＸ　03-5957-7079
メール　小社ホームページお問い合わせフォームから　（https://www.takahashishoten.co.jp/）

【不良品についての問い合わせ先】

ページの順序間違い・抜けなど物理的欠陥がございましたら、電話03-5957-7076へお問い合わせください。

ただし、古書店等で購入・入手された商品の交換には一切応じられません。